HOLEN SIE MEHR AUS IHREM MARCO POLO RAUS!

SO EINFACH GEHT'S!

1 go.marcopolo.de/cri

2 downloaden und entdecken

GO!

OFFLINE!

6 INSIDER-TIPPS
Von allen Insider-Tipps finden Sie hier die 15 besten

8 BEST OF …
- 🟢 Tolle Orte zum Nulltarif
- 🔵 Typisch Costa Rica
- 🟠 Schön, auch wenn es regnet
- 🟣 Entspannt zurücklehnen

12 AUFTAKT
Entdecken Sie Costa Rica!

18 IM TREND
In Costa Rica gibt es viel Neues zu entdecken

20 FAKTEN, MENSCHEN & NEWS
Hintergrundinformationen zu Costa Rica

26 ESSEN & TRINKEN
Das Wichtigste zu allen kulinarischen Themen

30 EINKAUFEN
Shoppingspaß und Bummelfreuden

32 ZENTRALE HOCHEBENE
32 Alajuela
36 Cartago
41 Heredia
45 San José

50 DER NORDWESTEN
50 Liberia
56 Monteverde
60 Península de Nicoya (Halbinsel Nicoya)

64 PAZIFIKKÜSTE
64 Golfito
69 Jacó
72 Puntarenas
74 Quepos

SYMBOLE

INSIDER TIPP Insider-Tipp
★ Highlight
🟢🔵🟠🟣 Best of …
☀ Schöne Aussicht
  Grün & fair: für ökologische oder faire Aspekte
(*) kostenpflichtige Telefonnummer

PREISKATEGORIEN HOTELS

€€€ über 140 Euro
€€ 70–140 Euro
€ bis 70 Euro

Mittelwerte für ein DZ ohne Frühstück. Rechnen Sie in der Hochsaison (Okt.–März) mit Zu-, in der Regenzeit mit Abschlägen

PREISKATEGORIEN RESTAURANTS

€€€ über 18 Euro
€€ 9–18 Euro
€ bis 9 Euro

Preise für ein für das jeweilige Lokal typisches Tellergericht ohne Getränke

Titelthemen: Eiablage am Schildkrötenstrand S. 85 | Per Aerial Tram in den Dschungel S. 71

INHALT

78 KARIBIKKÜSTE
 78 Puerto Limón
 84 Tortuguero

88 ERLEBNISTOUREN
 88 Costa Rica perfekt im Überblick
 93 Von San José durch Nationalparks zur Karibikküste
 96 Von San José zum Pazifik
 98 Zu Fuß durch den Nebelwald von Curi-Cancha

106 EVENTS, FESTE & MEHR
Alle Termine auf einen Blick

108 LINKS, BLOGS, APPS & CO.
Zur Vorbereitung und vor Ort

110 PRAKTISCHE HINWEISE
Von A bis Z

116 SPRACHFÜHRER

120 REISEATLAS

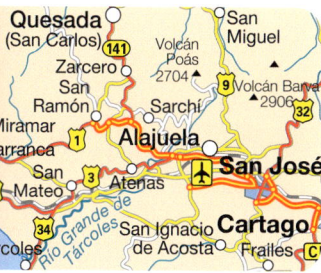

100 SPORT & WELLNESS
Aktivitäten und Verwöhnprogramme zu jeder Jahreszeit

104 MIT KINDERN UNTERWEGS
Die besten Ideen für Kinder

134 REGISTER & IMPRESSUM

136 BLOSS NICHT!

GUT ZU WISSEN
Geschichtstabelle → S. 14
Spezialitäten → S. 28
Rodeo costa-ricanisch → S. 57
Leguane → S. 59
Rinder zu Hamburgern → S. 68
Schildkröten retten → S. 84
Feiertage → S. 107
Was kostet wie viel? → S. 111
Paradies für Aussteiger → S. 112
Währungsrechner → S. 113
Wetter → S. 115

KARTEN IM BAND
(118 A1) Seitenzahlen und Koordinaten verweisen auf den Reiseatlas
(U A1) Koordinaten für die Karte von San José im hinteren Umschlag
(O) Ort/Adresse liegt außerhalb des Kartenausschnitts
Es sind auch die Objekte mit Koordinaten versehen, die nicht im Reiseatlas stehen

(🕮 A–B 2–3) verweist auf die herausnehmbare Faltkarte
(🕮 a–b 2–3) verweist auf die Zusatzkarte auf der Faltkarte

UMSCHLAG VORN:
Die wichtigsten Highlights

UMSCHLAG HINTEN:
Faltkarte zum Herausnehmen

Die besten MARCO POLO Insider-Tipps

Von allen Insider-Tipps finden Sie hier die 15 besten

INSIDER TIPP Willkommen am Fluss
Die *Casa Turire* ist ein Plantagenhaus, das Natur, Sport und Kultur vereint. Von hier lässt sich die archäologische Stätte Guayabo hervorragend besichtigen → S. 40

INSIDER TIPP Sonnengruß auf dem Bauernhof
Die Finca *La Flor de Paraíso* bei Paraíso betreibt ökologische Landwirtschaft und bietet (auch Tages-)Besuchern vorzügliche Yogastunden → S. 38

INSIDER TIPP Spaziergang in den Baumkronen
Nur für Schwindelfreie: die *Puentes Colgantes* bei La Fortuna sind spektakuläre Hängebrücken im Dschungel (Foto o.) → S. 54

INSIDER TIPP Hundert Jahre rückwärts
Das *Museo de Cultura Popular*, einige Kilometer nordöstlich von Heredia gelegen, zeigt das Landleben des 19. Jhs. – mit Verpflegung → S. 42

INSIDER TIPP Affen und Wildkatzen in Obhut
Im *Centro de Rescate Jaguar* an der Karibikküste werden verletzte, verwaiste und beschlagnahmte Wildtiere gepflegt (Foto re.) → S. 84

INSIDER TIPP Entspannen im Vulkanwasser
Wunderbar: Im heißen Wasser der *Termales Los Laureles* entspannen – mit Blick auf den Vulkan Arenal → S. 54

INSIDER TIPP Erleuchtung nicht ausgeschlossen
Meditation, Yoga und gutes Essen: Die spirituelle Community *Pacha Mama* auf der Nicoya-Halbinsel lädt zu ein paar Wochen Meditation unter Gleichgesinnten → S. 63

INSIDER TIPP Vogelforscher auf Zeit
Eine Organisation für tropische Studien in Palo Verde bietet rustikale Unterkunft, vegetarische Mahlzeiten und phantastische Möglichkeiten zur Tierbeobachtung → S. 63

INSIDER TIPP **Auf einem Steg am Kanal**
Im *Budda Café*, im Zentrum von Tortuguero am Kanal gelegen, sitzen Sie auf einer hölzernen Terrasse am Wasser und genießen: die Umgebung, das Essen und sich selbst → S. 85

INSIDER TIPP **Jede Menge Tacos**
Klein, aber oho: Die *Taquería Taco Taco* in Santa Elena ist lediglich ein einfacher Tacostand, ein paar Sitzplätze gibt's nur nebenan. Doch die Tacos schmecken nirgendwo besser → S. 59

INSIDER TIPP **Mit dem Pferd im Urwald**
In Santa Elena freuen sich *Sabines „lächelnde Pferde"* auf einen Ausritt – im Regenwald und über die Hügel → S. 60

INSIDER TIPP **Trekking in der Wildnis**
Eine *Ökoorganisation* bietet *Fluss- und Trekkingtouren* in den karibischen Dschungel am Atlantik und besucht mit Ihnen *indígenas* im Urwald → S. 83

INSIDER TIPP **Auf dem Wasser – mit und ohne Wind**
Bei *Tico Windsurf* am Arenalsee lässt's sich nicht nur gut surfen, sondern auch mit einem Kite übers Wasser gleiten. Und weht partout kein Wind, probieren Sie Stand Up Paddling aus → S. 53

INSIDER TIPP **Wie unter Freunden**
Die 70 Jahre alte *Bar La Bomba* in Golfito wurde gekonnt restauriert und mit antiken Fundstücken aufgepeppt; hier schmeckt das Bier, und man lauscht den Erzählungen der *ticos* und Zugezogenen → S. 67

INSIDER TIPP **Mit dem Kleinbus zum Hotel**
Komfortabler Transport ist auf Costa Rica auch ohne Mietwagen und Taxi möglich: Das private Busunternehmen *Quality Transfers* bringt Reisende preiswert und zudem zuverlässig von einer Übernachtungsadresse zur nächsten → S. 114

BEST OF ...

TOLLE ORTE ZUM NULLTARIF
Neues entdecken und den Geldbeutel schonen

SPAREN

● *Besuch beim Nationalhelden*
In einem historischen Bauwerk gegenüber dem Zentralpark richtete man in Alajuela ein *Museum für Juan Santamaría* ein. Die *ticos* lieben das Haus, auch weil hier oft Kulturveranstaltungen stattfinden, die keinen Eintritt kosten → S. 33

● *Palmenstrände und ein Korallenriff*
Der an der Karibikküste liegende *Cahuita-Nationalpark* ist u. a. für seine Meeresfauna und -flora berühmt. Er kennt zwei Eingänge: Gratis (eine Spende wird gern akzeptiert) ist der Zugang über Kelly Creek, in unmittelbarer Nähe zu den herrlichen Sandstränden (Foto) → S. 82

● *Museum in der High School*
Im neoklassizistischen Gebäude des Gymnasiums von Cartago zeigt das *Museo Histórico-Etnográfico* Waffen und Rüstungen der Kolonialzeit sowie Fundstücke aus präkolumbischer Zeit; einer der Säle ist wie ein koloniales Haus gestaltet → S. 37

● *Freiluftfilme am Wasser*
Casablanca, Forrest Gump, Out of Africa: Die kostenlosen *Outdoor Movie Nights* in Quepos zeigen von Januar bis März freitags Filmklassiker und Blockbuster. Machen Sie es sich im Freilufttheater der Hafenanlage bequem, holen Sie sich ein Bier und genießen Sie! → S. 71

● *Lebendige Holzfiguren im „Haus des Träumers" im Orosital*
Das Äußere des aus alten Hölzern gebauten Hauses ist verziert mit lebensechten geschnitzten Figuren, drinnen sind die Regale mit ungezählten Arbeiten eines Holzschnitzers und -bildhauers belegt: ein Universum unglaublicher Charaktere und im Land verehrter Heiliger → S. 41

● *Montags ins MADC*
Lieblingsort in San José für Studenten und Kunstinteressierte: Künstler zeigen montags gratis ihre Bilder und Installationen im *Museum für Kunst und Kultur*, einer ehemaligen Likörfabrik mit dem morbiden Charme eines alten Fabrikgebäudes → S. 41

●●●● Diese Punkte zeichnen in den folgenden Kapiteln die Best-of-Hinweise aus

TYPISCH COSTA RICA
Das erleben Sie nur hier

● *Garten der Schmetterlinge*
Am Arenalsee im *Butterfly Conservatory*: Ein Tier, das so schön ist wie eine Blüte, fliegen kann wie ein Vogel – hier begreift man das Wunder. Es sind aber nicht nur die meisten Schmetterlingsarten versammelt, sondern man bemüht sich auch um Schutz und Züchtung der Insekten und anderer Regenwaldgeschöpfe (Foto) → S. 54

● *Wanderung um einen Vulkankrater*
Der *Volcán Poás* lässt sich nicht nur besteigen, man kann auch an seinem Kraterrand entlanglaufen. Anschließend führt ein Pfad durch dichte Vegetation zu einem zweiten Krater mit einem See – warm anziehen! → S. 35

● *Am Gleitseil über Wasserfälle*
Zip Lines heißen die Stahlseile, an denen Sie mühelos durch den Dschungel gleiten. Im *Adventure Park* der Finca Daniel gibt es allein zwei Dutzend verschiedene Zip Lines, die u. a. über elf Wasserfälle führen; ein Abenteuer – auch für Unsportliche → S. 100

● *Auf den Spuren des Bluejeans-Froschs*
Leuchtend blaue Schenkel, roter Oberkörper – der *Bluejeans Dartfrog* ist der auffälligste und schönste unter Costa Ricas vielen Froscharten. Der kleine Kerl kommt in den meisten Nationalparks vor, ansonsten werden Sie fündig im *Froschgarten* der *Rainforest Aerial Tramway* oder im *Inbioparque* – sein Anblick soll Glück bringen! → S. 44

● *Umweltschutz und Luxus vereint*
Bis vor einigen Jahren waren Costa Ricas Öko-Lodges eher rustikale Angelegenheiten, heute wird auch auf Komfort und Stil gesetzt. Bestes Beispiel ist die *El Silencio Lodge & Spa* bei Sarchí, die grün und umweltverträglich ist und deren Zimmer so schön sind, dass Sie wohl nie wieder abreisen möchten → S. 36

● *Regenwald der Kinder*
Das ursprünglich kleine Naturschutzgebiet *Bosque Eterno de Los Niños* in Monteverde ist durch Förderung auf über 20 000 ha gewachsen: gigantische Baumfarne, moosbewachsene Baumriesen, Orchideenwälder, über die der Quetzal fliegt. Ein Besuch dort ist – im Land der Naturparks – ein einzigartiges und zugleich typisches Erlebnis → S. 57

BEST OF ...

SCHÖN, AUCH WENN ES REGNET
Aktivitäten, die Laune machen

REGEN

● *Coffee Tour am Vulkan*
Die traditionsreiche Kaffeefirma *Doka Estate* an den Hängen des Vulkans Poás führt ein in die Welt des Röstens und Mahlens. Im Restaurant La Cajuela schmecken die Buffets; im Shop warten bunt bemalte Blechtassen und Kaffee (Foto) → S. 34

● *Aquarium im alten Bahnhof*
Das Gelände des alten Bahnhofs von Puntarenas wurde in den *Parque Marino del Pacífico* umgewandelt – mit Aquarien, Schildkröten- und Krokodilterrarien, Pelikanvolieren und Streichelpool → S. 73

● *Café au Lait im Nationaltheater*
Das *Café* der Hauptstadt im Teatro Nacional verströmt die Atmosphäre der Entstehungsjahre. Wandmalereien, Schwarz-weiß-Fotos, Jugendstillampen und Marmor: Hier können Sie den Nachmittag aufs Schönste verbringen → S. 47

● *Mit Gummistiefeln durch den Regenwald*
Wasserfeste Schuhe und Regenjacke – mehr braucht es nicht, um auch bei Regen den *Parque Nacional Manuel Antonio* zu genießen. Während der Regenzeit bleibt es warm, es sind viel weniger Besucher unterwegs, und ein dichtes Blätterdach schützt vor Nässe → S. 75

● *Regenwald in der Halle*
Der *Inbioparque* in Heredia zeigt alles: Trocken- und Nebelwald mit all ihren Tieren, Pflanzen der Tropen, Orchideen und Helekonien. Wenn es regnet, schauen Sie sich den Wald in den Hallen an → S. 44

● *Alles Gold!*
Die Nationalbank von Costa Rica in San José besitzt nicht nur Goldbarren, sondern betreibt auch das *Museo del Oro Precolombino:* Figurinen, Schmuck vom Ohrring bis zum Armband und zur Halskette, Götter- und Tierfiguren aus einem Dutzend Jahrhunderten → S. 46

ENTSPANNT ZURÜCKLEHNEN
Durchatmen, genießen und verwöhnen lassen

● *Sundowner mit Ausblick*
Im Restaurant *Anfiteatro* in Jacó wird das Essen eher zur Nebensache angesichts des phantastischen Ausblicks. Sie schauen hinab auf gewaltige Bäume, bewachsen mit Orchideen und Epiphyten. Und in klaren Nächten ist der Sternenhimmel über dem Pazifik großartig → S. 70

● *Heißes Vulkanwasser*
In den *Eco Termales La Fortuna* locken fünf Wasserbecken mit unterschiedlichen Temperaturen, das Quellwasser wird vom aktiven Vulkan Arenal erwärmt. Nur maximal 100 Personen werden aufgenommen – das garantiert Ruhe und Erholung → S. 54

● *Entspannt am Tropenwald*
Das kleine Hotel *Villa Romantica* liegt am Stadtrand von Quepos an der Straße nach Manuel Antonio: paradiesische Ruhe, die höchstens vorwitzige Affen und Vögel unterbrechen. Ob im Restaurant oder am romantischen Pool – hier finden Sie zu sich selbst → S. 77

● *Schweben zwischen den Baumkronen*
Begeben Sie sich auf eine Gondeltour durch den Regenwald: Mit der *Rainforest Aerial Tramway* schnuppern Sie Natur pur und gelangen in einen nahezu meditativen Entspannungszustand → S. 44

● *Im Hotelspa bei La Fortuna*
Auf dem Gelände des Resorthotels *The Springs* warten 18 Thermalpools: Bei Temperaturen zwischen 24 und 32 Grad weicht jeglicher Stress aus Körper und Geist. Wem das noch nicht genug Entspannung ist, der relaxt anschließend weiter in einem der besten Spas des Landes (Foto) → S. 54

● *Grünes Boutiquehotel*
Schöner als beim Frühstück im Hotel *Gaia* in Quepos kann der Tag kaum beginnen: der Blick auf das dichte grüne Blätterdach und das Blau des Meers, gestärkte Leinenservietten sowie ein lächelnder 5-Sterne-Service – und jedes Gericht ist köstlich zubereitet → S. 76

AUFTAKT

ENTDECKEN SIE COSTA RICA!

Brodelnde Vulkane, die die Nacht mit einem Feuerwerk aus rot glühendem Magma erhellen, *handtellergroße Schmetterlinge* und *winzig kleine Kolibris*, die Nektar aus den Urwaldblüten saugen, Schweizer Unternehmer, die zu Ökohoteliers wurden, und Deutsche, die eine Flugschule für Ultraleichtflugzeuge betreiben. *Trekking im Nebelwald* und Kanutouren durch karibische Lagunen, ein Sundowner auf einer Aussichtsterrasse hoch über dem Pazifik und der *Besuch in einer Biokaffeeplantage*. Mit Allradantrieb unterwegs zu Lodges im Regenwald und Relaxen an dunklen Sandstränden – es gibt Erlebnisse, die hat man nur in Costa Rica, und sie stellen jeden All-inclusive-Luxusurlaub in den Schatten.

Costa Rica, das *Land ohne Krieg und ohne Kälte*, eine der ältesten Demokratien Amerikas, hat mit seinen Nachbarn nicht viel mehr gemeinsam als die geografische Lage: platziert zwischen dem krisengeschüttelten Nicaragua und dem wegen seines Kanals bekannten Panama, im Zentrum der Landbrücke zwischen Nord- und Südamerika. Amerikanische Nationalparks sind auf der ganzen Welt berühmt, aber fast immer sind es in den USA gelegene, an die man denkt, wenn von phantastischen Naturschönheiten berichtet wird. Dabei liegt nur ein paar Flugstunden von den US-amerikani-

Bild: Balneario Tabacón bei La Fortuna

Könnte ein Strand schöner sein? Playa Espadilla im Nationalpark Manuel Antonio

schen Nationalparks Yosemite und Grand Canyon entfernt Costa Rica mit seit Beginn der 1970er-Jahre *mehr als 30 als Schutzgebiete ausgewiesenen Regionen*. Ein wohl einmaliges Modell auf der Welt: ein Land, das mehr als ein Viertel seiner Fläche unter Naturschutz stellte – als Nationalparks, Biosphärenreservate, aber auch als Indianerreservate und von der Unesco zum Welterbe erklärte Gebiete. Dampfende Regenwälder, *nebelverhangene Hochtäler*, ockergelbe Savannen, Mangrovensümpfe und Trockenwälder, Bergketten und Vulkane, unbegradigte Flüsse, vor der Küste *Korallenriffe* und grüne Inseln: Sie alle gehören zu den außergewöhnlichen und schützenswerten Schönheiten des Landes.

Kein Wunder, dass Costa Rica zum Synonym für naturverträglichen Aktivurlaub avancierte, zum Pilgerziel für Ökologen und Biologen. Tatsächlich entspricht das Land in vielerlei Hinsicht der *Idealvorstellung vom tropischen Paradies*. Dabei sah die Situ-

Ab 500 v. Chr.
Unter dem Einfluss süd- und nordamerikanischer Einwanderer bilden sich im Bereich des heutigen Costa Rica drei Völker: Huetares sowohl im Valle Central als auch an der Karibikküste, Chorotega im nördlichen Costa Rica und südlichen Nicaragua sowie Brunca am südlichen Pazifik und im Norden Panamas

800–1400 n. Chr.
Blütezeit von Guayabo, einer Huetares-Siedlung nahe des heutigen Cartago, mit Straßen, Brücken, Aquädukten und steinernen Wohnhäusern

1502
Christoph Kolumbus landet auf der Insel Uvita vor Puer-

AUFTAKT

ation schon recht verfahren aus, waren doch bereits zwei Drittel des Regenwalds der Gier nach Geld zum Opfer gefallen, bis man sich der Gefahr bewusst wurde und Schutzzonen wie strengere Umweltschutzgesetze erließ. Der Naturschutz erfolgt jedoch nicht nur aus hehren Motiven: Das aus Kaffee- und Bananenexport erwirtschaftete Geld reicht nicht aus, um die Auslandsschulden zu bezahlen und den Staatshaushalt ausgeglichen zu halten. Umso dringlicher ist es, die wichtigste Ressource des Landes zu erhalten, den *Regenwald wirtschaftlich nutzbar zu machen, ohne ihn zu zerstören* – eine schwierige Aufgabe, die man in Costa Rica dadurch lösen will, dass man den Wald touristisch vermarktet.

Auf der Suche nach El Dorado, dem sagenhaften Hort des Goldes, erreichte Christoph Kolumbus 1502 die Atlantikküste des Landes und nannte es Costa Rica, die „reiche Küste". Statt des erhofften Goldes trafen die Spanier üppige Vegetation an, und gerade die ist – so erkannten die Costa-Ricaner – heute Gold wert: Der vor einigen Jahren angelaufene *Touristenstrom* bringt dem Land die so dringend benötigten Devisen und sorgt heute für ein gutes Zehntel der Arbeitsplätze.

> **Christoph Kolumbus entdeckte 1502 die „reiche Küste"**

Aus den Fehlern anderer Länder hat man in Costa Rica gelernt: *Klasse statt Masse* heißt die Devise, statt auf Bettenburgen und Billigtourismus wird auf Qualität gesetzt. Niveautourismus kostet die Besucher zwar ein paar Euro mehr, die sich aber für das Land und die Natur auszahlen. Nationalparks werden daher auch zeitweise geschlossen, wenn wegen des zu großen Andrangs Schaden an der Natur zu befürchten ist.

---

to Limón, er nennt das Land Costa Rica („Reiche Küste")

1563 Die Spanier gründen Cartago und machen es zur Hauptstadt, was bis 1823 so bleibt

1821 Unabhängigkeit von Spanien, Costa Rica wird Teil des mexikanischen Kaiserreichs

1848 Ausrufung der Republik

1899 Die US-amerikanische United Fruit Company übernimmt den Bananenhandel

1948 José María Figueres Ferrer wird Präsident, begrün-

Ökotourismus heißt das Gebot der Stunde. Dazu gehören niedrige, sich der Landschaft anpassende Hotelbauten aus natürlichen Materialien und der Vorrang einheimischer Produkte vor importierten. Bislang gibt es nur in San José Hotelhochbauten, aber um so mehr *lodges, cabinas* und *cabañas,* Holzbauten inmitten der Natur, **mit Solarenergie und eigener Trinkwasserversorgung**. Auf eigens angelegten *senderos,* Wanderpfaden, durchstreifen die Gäste Naturparks und bekommen einen ersten Eindruck von der unglaublichen Vielfalt der tropischen Tier- und Pflanzenwelt. Zur Verdeutlichung soll einmal die ansonsten trockene Statistik herhalten: 900 Baumarten; 1200 Orchideen; 230 Säugetierarten, darunter **Jaguare, Pumas, Nasenbären, Affen, Faultiere**, Ameisen- und Waschbären; 860 Vogelarten, darunter allein 50 Kolibri- und 15 Papageienarten; 40 000 Insektenarten, darunter **3000 verschiedene Schmetterlinge**. Auf 0,01 Prozent der Erdoberfläche – etwa die Größe der Schweiz – finden sich fünf Prozent aller auf der Erde lebenden Tier- und Pflanzenarten.

> **Synonym für naturverträglichen Aktivurlaub**

Die Cordillera Volcánica zieht sich parallel zum Pazifik durch das Land, ein vulkanisches Gebirge mit 70 Vulkanen, davon fünf noch aktiv, deren bis **über 3000 m hohe Gipfel** eine Wetterscheide bilden: feuchtheiß und mit häufigen Regenfällen an der Karibikseite, im halbjährlichen Wechsel zwischen Trocken- und Regenzeit an der Pazifikküste. In den fruchtbaren Hochebenen der Kordilleren siedeln schon seit der Zeitenwende Menschen, und hier ließen sich auch die Spanier nieder, nachdem sie im 16. Jh. Costa Rica in Besitz genommen hatten.

> **Von 70 Vulkanen sind fünf noch aktiv**

Erst 200 Jahre nach der Eroberung schufen die Spanier das heutige Stadtzentrum von San José, spanisch geradlinig, dem heiligen Joseph geweiht. Ihre prächtigen Bauten sucht man jedoch heute oft vergebens – mehrere Erdbeben haben viele der spanischen Kirchen, barocken Paläste und Wohnhäuser bis auf die Grundmauern zerfallen lassen.

---

det ein System der sozialen Wohlfahrt und schafft ein Jahr später die Armee ab

1987 Präsident Óscar Arias Sánchez erhält den Friedensnobelpreis für seinen Einsatz im Nicaragua-Konflikt

2016 Im Mai bricht der Vulkan Turrialba aus. Die 3000 m hohe Aschewolke bedeckt mehrere Städte und reicht 40 km weit bis San José

2018 Der 1980 geborene Carlos Alvarado Quesada von der Mitte-links-Partei PAC wird zum Präsidenten gewählt

AUFTAKT

Ticos nennen sich die Costa-Ricaner mit leiser Selbstironie

„Unsere Tempel und Paläste sind die Natur" heißt es in Costa Rica: Bauliche Sehenswürdigkeiten der präkolumbischen Bevölkerung gibt es nur wenige. Drei *Indianervölker* lebten vor Kolumbus' Ankunft im Gebiet des heutigen Costa Rica, im Schatten der nördlich siedelnden Maya. Statt Paläste, Tempel und Monumentalarchitektur ließen sie nur wenige kleine Siedlungen zurück, jedoch Keramiken, steinerne Geräte, Figuren und Schmuck. Berühmt sind die in allen Größen hinterlassenen, rätselhaften Steinkugeln der Brunca.

Karibische Lebensfreude dokumentieren die in leuchtenden Bonbonfarben türkis, gelb und rosa gestrichenen Holzhäuser an der Karibikküste, einige auf Stelzen, fast immer mit umlaufender Veranda. Die Besucher genießen Klima und Meer, Strand und Dschungel, die Lebensfreude und Leichtigkeit der Kariben. Viele kamen aus dem Ausland, um in Costa Rica zu leben: *amerikanische Quäker*, die Wälder rodeten, um Milch- und Landwirtschaft aufzubauen, *Rentner*, die einen höheren Lebensstandard genießen wollen als zu Hause, auch *umweltbewusste Siedler*, die im Einklang mit der Natur leben und arbeiten möchten.

Zu den ungelösten Problemen gehört der hohe Bevölkerungszuwachs, der zu steigendem Druck auf die Siedlungsflächen führt und die Schaffung neuer Arbeitsplätze notwendig macht. Noch gilt, dass das kleine Land ein *vorbildliches Modell ökologiefreundlichen Lebens* verwirklicht hat. *Pura vida* heißt es in Costa Rica. „Entdecken Sie Costa Rica!" heißt also nichts anderes als: Entdecken Sie das reine Leben!

IM TREND

1 Aus der Natur

Wellness 🌿 Mit Vulkansand und Regenwaldschlamm wird die Haut babyzart – im Spa des *Four Seasons (Península Papagayo) (Foto)* in Guanacaste setzt man auf natürliche Schönmacher. Lavendel, Gurke und Aloe vera kommen im *Harmony Hotel (Nosara)* als Maske auf den sonnengestressten Körper. So wird die Haut mit Feuchtigkeit versorgt. Ylang-Ylang und Milch sind die Hauptzutaten des Wellnessbads im *Pacífica Spa* des *Hotel Parador (Manuel Antonio)*.

2 Gut gerollt

Sushi Fisch und Reis gehören natürlich zum costa-ricanischen Sushi dazu – aber lokale Spezialitäten dürfen auch nicht fehlen. So wie bei *Sensu (Plaza Los Laureles | Escazú)*, wo unter anderem Turrialbakäse in die Rollen kommt. Fusion-Makis und -Nigiris rollt auch der japanische Koch von *Tropical Sushi* in Quepos. Authentische (und preiswerte) Sushi serviert man im *Okami Sushi Restaurante (www.okamisushi.net)* in San José; in dem kleinen Restaurant gibt es ab 11.30 Uhr alle Köstlichkeiten aus Fisch und Reis.

3 Schwefel & Gischt

Action Abenteuerlustige sind in Costa Rica genau richtig. Rafting auf den rasanten Flüssen ist der jüngste Trend im Land. Die Profis von *Rancho Los Tucanes (Manuel Antonio | Puntarenas)* stürzen sich mit ihren Kunden in die Stromschnellen des Río Naranjo. Heiß wird einem beim Ausflug mit *Adventure Manuel Antonio (Manuel Antonio | Puntarenas)*. Es geht rauf zum Arenal – der Vulkan gilt als einer der aktivsten der Welt. Runter geht es dagegen beim Abseiling und Canyoning mit *Costa Rica Ríos (www.costaricarios.com)* bei Kanutouren auf Flüssen mit unterschiedlichem Schwierigkeitsgrad.

In Costa Rica gibt es viel Neues zu entdecken. Das Spannendste auf diesen Seiten

Topfgucker

Kochkurse Manch einer hält die Landesküche für wenig abwechslungsreich. Dass er damit falsch liegt, beweisen die Kochkurse von Sibyl in den *Casas Pelícano (Playa Junquillal | www.casaspelicano.com) (Foto)*. Da wird aromatischer Fisch in Bananenblätter gepackt oder eine Suppe aus Kürbis, Orangen und Shrimps gekocht, für costa-ricanische Teilnehmer eine neue Erfahrung. An der Ostküste verrät Miss Edith ihre Küchengeheimnisse. In ganz Cahuita ist das nach ihr benannte Lokal für seine karibische Küche bekannt. Im gebirgigen Landesinneren gibt die *Casa Mettá (San José de la Montaña | www.casametta.com)* Einblicke in die costa-ricanische Küche. Eine Spezialität von Köchin Wendy sind die veganen Speisen. Noch mehr Angebote gibt es auf *www.costaricacooking.com*.

Unter dem Blätterdach

Übernachten Baumhäuser sind weltweit „in", doch das Bauen mit Holz in der Natur passt besonders in die Tropen – im *Tree Houses Hotel (Santa Clara | San Carlos | treehouseshotelcostarica.com) (Foto)* nächtigen Sie mitten im Grün der Bäume. Im dichten Regenwald mit Meerblick versteckt sich auch die *Lapa Rios Rain Forest Wilderness Lodge (Lapa Rios, Playa Carbonera | Puerto Jiménez | Península de Osa | www.laparios.com)*. Der Strand ist auch in der *Tree House Lodge (Punta Uva | Limón | www.costaricatreehouse.com)* am Puerto-Viejo-Beach nicht fern. Im Einklang mit Natur steigen Sie in der *Laguna del Lagarto Lodge (Boca Tapada | www.lagarto-lodge-costa-rica.com)* inmitten von 500 ha Regenwald ab – toll sind die vielen Wanderwege durch die unverbaute Natur.

Bild: Bananenplantage bei Puerto Viejo

FAKTEN, MENSCHEN & NEWS

GRÜN UND BLAU

Grün und Blau prägen das Bild der Landschaft: das Grün der Bananenstauden, das Blau der über die reifenden Früchte gehängten und mit Insektiziden getränkten Plastiktüten. Bananen sind heute ein bedeutender Wirtschaftsfaktor, Costa Rica gilt als der weltweit zweitgrößte Bananenexporteur. Anbau und Vermarktung begannen Ende des 19. Jhs. Neben Kaffee avancierten Bananen zum bedeutendsten Exportgut, und das Land wurde damit abhängig von US-amerikanischen Konzernen und Geldgebern.

WER WOHNT HIER?

80 Prozent der 4,9 Mio. *ticos* sind weiß – als Nachfahren der Spanier nehmen sie damit eine Sonderstellung unter den Bewohnern Lateinamerikas ein. Nur 15 Prozent der Bevölkerung sind Mestizen (zum Vergleich: in Mexiko 80 Prozent), also Nachkommen von Weißen und Indigenen. 1 Prozent der Bevölkerung sind Schwarze, 1 Prozent Chinesen und 1,5 Prozent *indígenas*; die Nachfahren der indianischen Ureinwohner – rund 55 000 von ihnen leben in 35 kleinen Reservaten – gehören zur ärmsten Bevölkerungsgruppe. Da in Costa Ricas Verfassung das Recht auf politisches Asyl verankert ist, wurde das kleine Land zur Zuflucht vieler Tausend aus El Salvador und Nicaragua geflohener Menschen. Das Bevölkerungswachstum ist hoch, die Kinderzahl pro Familie liegt bei durchschnittlich fünf. Knapp 90 Prozent der Bevölkerung sind römisch-katholisch.

Von Bananen, Naturschutz & Co.: In der „Bananenrepublik" ohne Militär haben nur die Tiere einen Panzer

MONDLICHTBUDDELEI
Die einen schätzen sie als Häppchen oder Suppe, die anderen als Schmuck: Trotz zahlreicher Artenschutzabkommen und gesetzlicher Bestimmungen werden Eier, Fleisch und Panzer der Schildkröten in den Tropen noch immer verwertet und exportiert. Einige Arten der Tiere, seit rund 100 Mio. Jahren auf der Welt, gehen heute ihrem Ende zu. In Costa Rica hat man sich ihrer angenommen, mehrere Forschungsstationen untersuchen, kennzeichnen, schützen sie und ziehen sie auch auf. An beiden Meeren des Landes schwimmen die Schildkröten zu Tausenden an den Strand, bei Hochwasser und Mondlicht, kriechen mühsam hinauf und graben 50 cm tiefe Löcher für ihre Eier. Einige der Tiere sind mehrere Hundert Kilo schwer, und entsprechend langsam gestaltet sich die nächtliche Prozedur, bei der Touristen – mit einigen Vorsichtsmaßnahmen, d. h. ohne Licht und Geräusche – zuschauen können. Die Eier werden in sechs bis acht Wochen von der Sonne ausgebrü-

tet – falls sie niemand vorher ausgräbt –, und dann wühlen sich bis zu 100 kleine Schildkröten durch die Sandschicht nach oben und streben sofort dem Wasser zu. Viele erreichen ihr Ziel nicht und werden vorher zur Beute von Menschen, Vögeln und Fischen.

onen von Jahren alt, überstand Klimaschwankungen bis hin zur Eiszeit, ist heute jedoch durch den Menschen und die von ihm verursachten Umwelteinflüsse bedroht. Noch vor 50 Jahren bedeckten in Costa Rica der Regenwald (in den tropischen Tieflandregionen) und der Ne-

Auch zierliche Luftakrobaten sind in den Nebelwäldern der Naturparks zu Hause

DSCHUNGELGEHEIMNISSE

Höhen von 40 m und mehr sind keine Seltenheit unter den Tausenden von Baumarten im costa-ricanischen Regenwald. Tatsächlich beherbergt dieser Wald – der nur noch weniger als zehn Prozent der Erdoberfläche bedeckt – mehr als die Hälfte aller Tier- und Pflanzenarten weltweit. Das Leben im Dschungel spielt sich in stockwerkartigen Etagen ab – dunkel, heiß und extrem feucht am Boden; weitgehend unerforscht ist das Leben in den Baumkronen. Das stabilste, aber auch sensibelste Ökosystem der Erde, Milli-

belwald (in Höhen ab 1000 m) über 70 Prozent des Landes.

BERGE UND TROPEN

Costa Rica ist mit 51 200 km² (das entspricht ungefähr der Größe der Schweiz) das drittkleinste Land auf dem amerikanischen Festland. Seine Topografie wird zum beträchtlichen Teil von Bergland bestimmt, das 70 erloschene und aktive Vulkane überragen. Diese Kordillerenkette zieht sich von Nordwesten nach Südosten quer durch das Land und wirkt als Wetterscheide. Der höchste Berg, der Chirripó, misst 3819 m. Ein großer Tief-

FAKTEN, MENSCHEN & NEWS

landbereich zieht sich an der Atlantikküste entlang: ein tropisches, immerfeuchtes Gebiet von Sümpfen, Lagunen und Flüssen. Die Hauptstadt San José und ihre dicht besiedelte Umgebung liegen in der zentralen Hochebene am Fuß der Cordillera Central. Die Grenzen des Landes zwischen Atlantik- (200 km) und Pazifikküste (1200 km) bilden Nicaragua im Norden und Panama im Süden.

GRENZGÄNGER

Viele Costa-Ricaner halten angesichts von rund 5 Mio. Einwohnern die Zahl der Migranten aus Nicaragua – sie wird auf 500 000 bis 1 Mio. geschätzt – für zu hoch. Viele sind illegal ins Land gekommen, arbeiten bei der Bananen- und Kaffeeernte, als Hausmädchen, kommen so auf 250–300 US-$ im Monat. Ihre Lebensbedingungen sind prekär, und sie haben keinen Zugang zur staatlichen Gesundheitsvorsorge, die für *ticos* kostenfrei ist. In Costa Rica begegnet man den Migranten aus Mittelamerika zudem mit Misstrauen bis hin zu offener Feindschaft, und sie werden für die gestiegene Unsicherheit und Kriminalität, für Überfälle, Einbrüche, Diebstähle verantwortlich gemacht. Ihre in Costa Rica geborenen Kinder erhalten die costa-ricanische Staatsbürgerschaft und damit Hoffnung auf eine bessere Zukunft.

GESUNDHEIT STATT WAFFEN

1948, in politisch unruhigen Zeiten, übernahm der Sozialdemokrat José Figueres Ferrer für 18 Monate die Regierungsgeschäfte, begann mit wirksamen sozialen Reformen und legte ein Jahr später eine Verfassung vor, die die Abschaffung des Militärs enthielt. Eine Maßnahme, die sich für Costa Rica in vielfacher Weise bezahlt machte: Das gesparte Geld wurde für soziale Wohlfahrt und das Gesundheitswesen, für die Alphabetisierung der Bevölkerung und eine umfassende Reform des Bildungswesens eingesetzt. Heute steht Costa Rica mit diesen Errungenschaften in Lateinamerika einzigartig da, ohne dass es durch die fehlende Armee je einen Nachteil hatte.

NATURERKLÄRER UNTERWEGS

Zu Costa Ricas mehr als 20 Nationalparks kommen noch Wild- und Naturschutzgebiete sowie in Privatbesitz befindliche Wälder und Reservate hinzu: solche, die von Hotels und Gästehäusern, von Haciendas, Fincas und Lodges sowie Tier- und Naturschutzorganisationen unterhalten werden. Eintrittsgelder, Spenden und touristische Attraktionen (Zip Lines, Aerial Tramways etc.) dienen zum Teil deren Unterhalt. Die Zugänglichkeit der Reservate erlauben angelegte Pfade *(senderos)*, die Sie individuell oder mit Führer *(guide)* begehen können. In der Regel sollten Sie in Costa Rica nicht an den *nature guides* sparen, da Sie ohne diese viel weniger sehen und verstehen werden. Zudem sind sie oft sehr gut ausgebildet, voller Verständnis für die Natur und auch für die Interessen der costa-ricanischen Bevölkerung und kompetente Gesprächspartner. www.sinac.go.cr

ÖKO & ECO

Costa Rica ist das weltweit bedeutendste Ziel für Ökotourismus, Synonym für naturnahes, umweltverträgliches Reisen, seit das Land in den 1980er-Jahren die Natur als Ressource erkannte und Schutzgebiete ausbaute. Heute gibt es kaum ein Hotel, keinen Anbieter, der für sein Geschäft nicht die Bezeichnung „ecological" im Beinamen verwendet. Doch mit der wachsenden Beliebtheit des kleinen Landes leiden immer häufiger die empfindlichen

Ökosysteme. Beispiel Manuel Antonio, das heute mit mehreren Flügen täglich von San José erreicht wird: Die *senderos* im nur 7 km² großen Nationalpark werden jährlich von Hunderttausenden von Besuchern abgelaufen, sodass die Affen mittlerweile um Bananen betteln und montags der Park zum Müllbeseitigen geschlossen wird. In Tortuguero werden Touristen mit dem Motorboot über die Kanäle zu den Lodges und den Krokodilen gebracht – eine langsamere Fortbewegung würde weniger Schaden anrichten. Auch die Kriterien für die vielen Qualitätssiegel, mit denen sich Hotels und Lodges schmücken, sind nicht immer durchsichtig. Und mitunter bringt die Forschung verblüffende Ergebnisse: große, nachhaltig ausgerichtete Hotels mit umweltbewusster Versorgungstechnik hinterlassen weniger Umweltschäden als kleine, überall im Land entstehende Lodges.

STEINKOLOSSE

Hunderte hat man bisher entdeckt, und viele werden vermutlich noch gefunden werden: künstliche Steinkugeln, aus Granit und Lava, zwischen 10 cm und 2 m groß, perfekt gerundet und bis zu kolossalen 16 t schwer. Die Rundung war nicht so schwer: Vermutlich wurde mit einer Schnur und einem spitzen Stein ein Halbkreis auf stabiles Holz geritzt und der Halbkreis ausgeschnitten. Damit entstand eine Schablone, und die Feinbearbeitung des Steins erfolgte durch Rotieren des Steins in der Schablone. Sie liegen in Costa Ricas Süden im Dschungel und in Flussmündungen, in Tälern und auf Bergen. Die Kugeln wurden vermutlich von den Brunca, einem präkolumbianischen Volk, hergestellt und symbolisierten möglicherweise die Gestirne, deren Anordnung man mit ihnen „nachstellen" konnte. Viele wurden von den Spaniern zerstört, weil sie in deren Mitte Gold vermuteten. Die auch *indian stone balls* oder *spheres (www.world-mysteries.com/sar_12.htm)* genannten Kugeln zieren heute Museen, Parks und öffentliche Gebäude, zwei sieht man im Vorgarten des Paseo Colón 2044 in San José.

AUF DER STRASSE

Sie begegnen Ihnen auf der Straße, in Parks und auf Plätzen: Straßenverkäufer, die Sonnenbrillen, Uhren und Wasser, Kaugummis und Kleidungsstücke, Souvenirs und Parfum verkaufen. Auf der Plaza de la Cultura von San José bieten sie Taubenfutter, obwohl die Tauben dort längst zur Belästigung und Plage geworden sind. Entsteht irgendwo ein Verkehrsstau, in der Stadt wie auf der Landstraße, werden dort in kürzester Zeit Waren durch die Autofenster angeboten und gehandelt. *Ticos* und Flüchtlinge aus Zentralamerika, auch Kinder und Jugendliche, versuchen so zu überleben. Da die Polizei von San José nicht Herr der Lage wird, konfisziert sie die Waren und transportiert sie mit Kleinlastern gleich ab.

TICOS & TICAS

Die spanische Verkleinerungsform, das „ito" oder „ita", ist ein Zeichen von Freundlichkeit. Aus *momento* wird so *momentito*, „Momentchen". Die Costa-Ricaner verwenden als Diminutiv „ico", sagen also *momentico,* und besonders gern verdoppeln sie die Verkleinerungsform, machen aus *hermano* (Bruder) *hermanitico* (kleines Brüderchen). Wegen dieser Angewohnheit nennen die übrigen Lateinamerikaner sie *ticos,* und das haben sie gern angenommen.

FREIWILLIGE VOR!

Kein anderes Land bietet so viel Gelegenheit für Freiwilligenarbeit und zieht so viele *volunteers* an wie Costa Rica, in

FAKTEN, MENSCHEN & NEWS

erster Linie in den Bereichen Tierschutz und Naturschutz. Dies reicht von der Bewachung von Schildkröteneiern an den Pazifik- und Karibikstränden über Hilfsarbeiten in den Naturschutzgebieten bis zur Betreuung verletzter Wildtiere und Englischunterricht für Schulkinder. In der Hacienda „Paradiesblume" *La Flor de Paraíso* (s. S. 38) arbeiten *volunteers* in der organischen Landwirtschaft, im botanischen Garten, im Wald oder Stall und nehmen teil an der Umwelterziehung.
www.la-flor.org/volunteer.html
Bei der Organisation „Praktikawelten" (www.praktikawelten.de) kann eine Vielzahl von Praktika, auch mit Spanischunterricht und Unterkunft in Hostels bzw. bei Gastfamilien, gebucht werden.

VULKANE – GANZ HARMLOS!

Keine Angst, Vulkanausbrüche sind in Costa Rica selten und meist vorhersehbar. Auch in anderer Hinsicht entsprechen die Vulkane des Landes nicht immer dem verbreiteten Image. So zeigen durchaus nicht alle die klassische Zuckerhutform, viele tarnen sich als gewöhnliche Berge. Und Vulkanasche bescherte dem Land seine fruchtbaren Böden. Der Vulkan Arenal (1657 m), 100 km nördlich von San José, ist der aktivste des Landes; 1968 erfolgte ein großer Ausbruch mit mehr als 80 Toten. Seine nächtlichen Eruptionen sind seit einigen Jahren seltener geworden, doch das Besteigen des Vulkans bis zum Gipfel ist nicht erlaubt. Am Fuße des Vulkans gibt es mehrere Wanderwege, beispielsweise den *West Slope Trail*.

Steinkugeln im Nationalmuseum in San José – bitte nicht wegrollen!

LANDWIRTSCHAFT

Da Bodenschätze rar sind, sind Bananen, Kaffee, Zucker, Ananas, Kakao, Palmöl und Rindfleisch bedeutsame Ausfuhrprodukte. Auch die Holzwirtschaft ist ein wichtiger ökonomischer Faktor. Costa Rica verkauft Edelhölzer in alle Welt, koppelt den Einschlag jedoch mit umfangreicher Wiederaufforstung.

Bild: Fajitas

ESSEN & TRINKEN

Die costa-ricanische Küche ist nicht besonders reich an Variationen und Raffinesse, eher einfach und schmackhaft-kräftig. Seit Jahrhunderten spielen Bohnen – ein Eiweißlieferant, der bereits das Frühstück ergänzen kann – und Maisgerichte die Hauptrolle.

Ein weiteres Grundnahrungsmittel ist Reis, für den man viele Hundert Zubereitungsarten kennt. Reis und schwarze Bohnen sind auch die Basiszutaten für das **costa-ricanische Nationalgericht casado**. Das bedeutet eigentlich „verheiratet" – und warum heißt nun dieses populäre Tagesmenü ausgerechnet *casado*? Es ist das, was den *tico* angeblich täglich – und für den Rest seines Lebens – erwartet, wenn er eine *tica* heiratet: Reis und gebratene schwarze Bohnen, Zwiebeln, oft mit Rührei oder auch Sauerrahm. Dazu gibt es gebratene Kochbananen, gebratenes oder gekochtes Fleisch und Salat.

Traditionell wird bereits **am Morgen** *gallo pinto* serviert, **das zweite Nationalgericht**, wiederum eine Mischung aus Reis und schwarzen (oder roten), in der Pfanne gebratenen Bohnen, dazu wahlweise Zwiebeln, Sauerrahm, dünne Maismehlfladen *(tortillas)*, Käse oder Rührei. Auch kann das Gericht ergänzt werden durch Schinken, Huhn oder Speck.

Mittags und abends schätzen die Costa-Ricaner – neben Reis und Bohnen – Hühner- oder Rindfleisch; Eier und Fisch ergänzen den Speiseplan. Köstlich sind die diversen Gemüsegerichte und -beilagen. Neben Karotten, Paprika, Kartof-

Bei den bunten Früchtepyramiden der zahlreichen Essstände auf Märkten und in Markthallen isst auch das Auge mit

feln, Kürbis und Zwiebeln werden häufig auch exotisch anmutende Gemüsesorten wie **Yucca und Maniokwurzeln** serviert. Vorsicht ist angezeigt bei den so harmlos aussehenden *picadillos*, in Chilischoten und Essigwasser eingelegten Kartoffeln, Karotten, Zwiebeln und Paprika von mitunter enormer Schärfe.

Für Europäer fremdartig ist vor allem die **kreolische Küche**, in der Kokosnuss und Gewürze die Hauptrolle spielen. Einer der beliebtesten Eintöpfe heißt *rundown (*auch: *rondon)*, in Kokosmilch gekochtes Fleisch und Gemüse. Das Meer bildet einen der größten Reichtümer des Landes und versorgt die Costa-Ricaner mit Fisch und Meeresfrüchten. Aus Mexiko kommt *ceviche*, eine beliebte Vorspeise aus rohem, in Zitronensaft mariniertem Fisch, gewürzt mit Koriander, Limetten und Zwiebeln. Auf Meeresfrüchte spezialisierte Restaurants nennen sich *marisquería*. Als **Nachtisch** gibt es Käse aus Monteverde (z. B. Monte Rico) oder eine der vielen Süßigkeiten wie *granizado con fruta*, Eiscreme und Früchte auf zerstoßenem Eis.

SPEZIALITÄTEN

arreglado – kleines Sandwich mit Fleisch, Käse oder Huhn
arroz con carne/pollo/pescado – Reis mit Fleisch/Huhn/Fisch
cajeta – Dessert aus Kokos, Zucker, Vanille und Milch
carne asada – dünne, gebratene Rindfleischscheiben
chicharrones – knusprig gebackene Stücke der Schweineschwarte (Foto re.)
chorreado – Maispfannkuchen mit Sauerrahm
empanada – gerollter Maispfannkuchen mit Bohnen, Käse, Fleisch und Kartoffeln
enchilada – Teigtasche mit Käse, Kartoffeln, Fleisch
frijoles molidos – Püree aus Bohnen mit Zwiebeln und Paprika
frijoles refritos – Brei aus gebratenen roten oder schwarzen Bohnen
gallo – Tortilla mit Bohnen, Käse, Fleisch, Tomaten, Bratkartoffeln
guacamole – pürierte Avocados mit Zitronensaft und Tomaten (Foto li.)
olla de carne – Eintopf mit Fleisch, Huhn, Kartoffeln, Gemüse, Mais, Yucca, Kochbanane
pan bon – dunkles Früchtegewürzbrot
patacones – dünne, frittierte Kochbananenscheiben
patí – Teigtaschen mit Hackfleisch, Huhn, Fisch oder Kochbanane
pionono – Püreerolle aus Kochbanane und schwarzen Bohnen
plátanos fritos – gebratene Kochbananen
pollo asado – scharf gewürztes Brathähnchen
quesadillas – Getreidemehltortilla mit Käse
sopa negra – schwarze Bohnensuppe mit Gemüse und Ei
taco – frittierte Tortilla mit Fisch-, Fleisch- oder Gemüsefüllung
tamal – in Bananen- oder Maisblättern gedämpfter Maisfladen, gefüllt mit Fleisch und Paprika
tostada – knusprig gebackene Tortilla mit Füllung

In Costa Rica schätzt man ein **gutes Bier**, und die im Land gebrauten Sorten Bavaria, Pilsen und Imperial brauchen den Vergleich mit europäischem Bier nicht zu scheuen. Wein ist teuer und meist importiert. Äußerst beliebt sind **Fruchtmixgetränke** *(frescos)*, etwa pürierte Mangos oder Bananen, die mit Milch oder Wasser aufgefüllt sind, während in den Hotels und Touristenrestaurants auch reine

ESSEN & TRINKEN

Fruchtsäfte serviert werden. Am Straßenrand verkauft werden grüne Kokosnüsse *(pipas)*, mit einer Machete geöffnet und mit dem Strohhalm ausgeschlürft – ein idealer Durstlöscher, darüber hinaus **heilsam bei Magen-Darm-Problemen**.

Costa-ricanischer Kaffee wird in alle Welt exportiert und von den Einheimischen den ganzen Tag über gern getrunken. Beliebt als **Sundowner** sind die köstlichen Mixgetränke, zum Beispiel *piña colada* (Ananassaft, Kokosmilch, Rum), *daiquirí* (Zitronensaft, Rum, zerstoßenes Eis), *margarita* (Zitronensaft, Cointreau, Tequila), *Cuba libre* (weißer Rum, Zitronensaft, Cola).

In San José finden Sie Restaurants jeder Couleur. Im mittleren Preisbereich dominieren **dem US-Geschmack angepasste Häuser**, die „bessere" einheimische Gesellschaft bevorzugt **europäische Restaurants**. Auf dem Land überwiegen **einfachere Lokale** *(sodas)* mit einheimischer Küche. Beliebt sind auch solche, die neben italienischer Pizza eine Vielfalt an Pasta und Salaten anbieten. Zu den ausgewiesenen Preisen kommen 15 Prozent Steuern und zehn bis 20 Prozent Service hinzu; wo der Bedienungszuschlag nicht pauschal dazuaddiert wird, wird ein entsprechendes Trinkgeld erwartet.

Jeder größere Ort hat seinen **Zentralmarkt mit zahlreichen Essständen**. Man sitzt auf Holzhockern vor dem Tresen und bekommt vom Frühstück bis zum Abendessen alles serviert. Dazu gibt es Kaffee sowie Obst- und Gemüsesäfte. Und auf den Straßen findet man an vielen Ecken einen Imbissstand, dessen Angebot jedoch oft nichts für den empfindlichen Magen ist. Mit *bar* schließlich kann fast alles gemeint sein: Kneipe, Esslokal, Café, Gemischtwarenladen oder all das zusammen. Star der costa-ricanischen Kochszene ist **Flora Sobrado de Echandi**, im Land berühmt unter dem Namen Tía Florita. Die Verfasserin von bald 20 Kochbüchern und Star ungezählter Kochshows führt vor, wie die traditionelle Landesküche variiert werden kann. Ihre Rezepte (www.cocinandocontiaflorita.tv) schöpfen aus Altbewährtem, werden durch Verwendung von Gewürzen und neuen Zutaten moderner. Anders als im nördlich gelegenen Mexiko verwendeten die *ticas* bis in die jüngste Vergangenheit kaum feurige Saucen und würzten nicht mit Chilis.

In den von Touristen besuchten Orten sind zahlreiche **vegetarische Restaurants** entstanden sowie von Ausländern betriebene italienische, französische und asiatische Restaurants – deren Kochtraditionen nehmen nun ihrerseits Einfluss auf die Landesküche ebenso wie die aus den USA herüberschwappende Welle des Fusion Food, bei dem aus allen Küchen der Welt geschöpft wird. **Fusion-Food-Gerichte** werden hauptsächlich in teureren Restaurants angeboten.

Geschüttelt, gerührt und meist mit Rum: erfrischende Mixgetränke

EINKAUFEN

Aus poliertem Kokosnussholz gefertigte Schalen, an langen Bändern aufgefädelte Muschelketten, die als luftige Vorhänge fungieren, rustikale Keramiken in sanften Erdfarben: In Costa Rica kaufen Sie für wenig Geld individuell hergestellte Artikel. Die Herstellung von *artesanías,* Kunstgewerbe, hat Tradition: Die mittelamerikanischen Völker waren bereits zu Kolumbus' Zeiten bekannt für ihre feinen Goldschmuckarbeiten, Keramiken und Webereien.

KUNSTHANDWERK & TEXTILIEN

Liebhaber finden auch farbenfroh bestickte und mitunter handgewebte Kleider, Jacken, Blusen und Hosen, die auf Märkten angeboten werden. Einige der Artikel stammen aus Guatemala und Mexiko oder sind in ihrer Gestaltung inspiriert von der in Panama verbreiteten *Molas*-Stickerei. Was für die Textilien gilt, trifft auch auf viele andere Kunsthandwerksartikel zu: Sie werden meist in anderen lateinamerikanischen Ländern hergestellt und nach Costa Rica importiert. Besucher kann das nur freuen, da man so die große Vielfalt des Kunstschaffens an einem Ort erleben kann.

In Sarchí und Umgebung sind besonders viele Kunsthandwerker ansässig; hier blüht das Geschäft mit den bunten *carretas,* den traditionellen Ochsenkarren, einem farbenfrohen Symbol für Costa Rica. Die Wagen werden in allen Größen hergestellt, dienen als Dekorationsobjekt in Haus und Garten. Weniger auffällig sind die vielen Schaukelstühle aus Leder und Holz, zusammenklappbar und deshalb auch leicht zu transportieren.

MÄRKTE & GESCHÄFTE

Zahlreiche Einkaufsmöglichkeiten bieten sich in der Hauptstadt an, die Produkte dort sind freilich teurer als in den übrigen Landesteilen oder direkt beim Erzeuger, aber meist von guter Qualität. Und die Auswahl ist größer. Spezialgeschäfte gibt es zuhauf, man kauft aber auch an der Straße, wo fliegende Händler ihre Waren ausstellen, und auf Märkten. Jedes Dorf hat seinen *mercado central,* Fundgrube für alles, von Heilkräutern und Tinkturen über Schuhe bis zu Teppichen und handgeschnitzten Kämmen.

Kommunikationszentren in ländlichen Gebieten sind die ungezählten *pulperías,* Krämerläden, die Gewürze und Zigaretten, Haarshampoo und Trockenmilch ver-

Von Textilien über Kräutertinkturen bis hin zu Zigarren und Kaffee – vieles wird Ihnen inzwischen in Bioqualität angeboten

kaufen. Doch werden diese auch *pulpe* und *minisúper* genannten Stände und Kleinläden zunehmend von großen Supermärkten bedroht.

ÖKOSHOPS

Eine wahre Fundgrube für schöne und praktische Reisemitbringsel sind die ökologisch orientierten Shops in den Nationalparks bzw. in deren Umgebung. Hier kaufen Sie von Hand hergestellte Seifen aus Limettenöl oder mit Mangoduft, exotische Wellnessöle, Briefpapier aus Bananenblättern, mit Schildkröten bedruckte T-Shirts für Kinder, Kaffee aus heimischer Produktion und vieles mehr.

Unter den vielen nach Costa Rica eingewanderten Menschen sind auch zahlreiche Künstler und Kunsthandwerker, die eigene Produktlinien geschaffen haben und sie vertreiben. Beliebt ist die Herstellung von Schmuck sowie, bedingt durch den großen Reichtum an Tropenhölzern, aufwendig gefertigten Holzobjekten wie beispielsweise Kämmen, Schmuckschatullen, Tellern und Schalen.

WAS SIE NICHT KAUFEN SOLLTEN

Ein grauer Markt existiert nicht nur für Schildpatt und daraus hergestellte Produkte, sondern auch für die nach dem Washingtoner Artenschutzabkommen geschützten Seeschnecken und Muscheln. Wie beim Kauf von Schildpattkämmen setzt auch durch den Erwerb von Riesenmuscheln eine folgenschwere Entwicklung ein: Statt Strandgut zu sammeln, werden bei starker Nachfrage die Tiere eigens für Touristen gefangen und getötet. Solche „Souvenirs" sollten Sie ebenso wenig kaufen wie alles, was aus Schildpatt oder der Haut von Leguanen hergestellt wurde. Und beim Kauf von Waren aus Edelholz sollten Sie sicherstellen, dass es sich um Plantagenholz handelt, um dem Raubbau am tropischen Regenwald nicht Vorschub zu leisten.

Bild: Vulkan Poás

ZENTRALE HOCHEBENE

Die Schatzkammer des Landes: Meseta Central (oder Valle Central) nennt man die zentrale Hochebene in der Mitte des Landes, zwischen 1000 und 1700 m hoch gelegen und begrenzt von drei Gebirgszügen, umgeben von Bergen und Vulkanen.

Auf den fruchtbaren Böden wachsen Kaffeesträucher, die der Hochebene Reichtum und Wohlstand brachten. Hier liegen neben San José, der modernen Hauptstadt, viele altspanische Städte, die den Charme der Vergangenheit atmen, und in San José finden Sie einige der besten Museen ganz Zentralamerikas.

In nur einer Stunde erreichen Sie die dunklen Strände am Pazifischen Ozean. Angenehme Temperaturen, im Jahresdurchschnitt um 22 Grad, eine verlässliche Trockenzeit und das gute öffentliche Verkehrssystem sowie eine große Auswahl an Hotels und Restaurants steigern für Touristen die Attraktivität dieser reizvollen Landschaft, deren Vulkane und Naturreservate von San José aus bequem zu erreichen sind. Mehr als die Hälfte der Costa-Ricaner lebt hier, und dennoch: Kaffeeplantagen, so weit das Auge reicht.

ALAJUELA

(127 F2) (*G5*) Die Höhenlage (950 m) sorgt in der Hauptstadt der gleichnamigen Provinz für ein ganzjährig frühlingshaftes Klima, das nicht nur die 52 000 Einwohner genießen, son-

Es gibt viel zu entdecken: koloniales Flair in den vier großen Städten, Dschungel und Vulkane in den Nationalparks

dern auch Besucher aus der übrigen Hochebene.

Alajuelas beschauliche Atmosphäre und seine verkehrstechnisch günstige Lage beim internationalen Flughafen schätzen zunehmend auch Touristen. Aus der 1782 von Spaniern nahe der Siedlung La Lajuela errichteten kleinen Kirche erwuchs die zweitgrößte Stadt des Landes, Geburtsort des Nationalhelden Juan Santamaría, dem man im gleichnamigen Park südlich des Zentralparks ein großzügiges Bronzedenkmal setzte.

SEHENSWERTES

MUSEO HISTÓRICO CULTURAL JUAN SANTAMARÍA ●

In einem aufwendigen Gebäude im Kolonialstil (an der Nordseite des Parque Central), dessen aufgesetzter Wachturm an seine ehemalige Funktion als Gefängnis erinnert, werden die Kämpfe gegen das US-amerikanische Söldnerheer von William Walker und die mutige Tat des costa-ricanischen Nationalhelden dokumentiert. Schöner Patio. *Di–So 10–17.30 Uhr |*

ALAJUELA

Im Klima an den Hängen des Poás gedeihen preisgekrönte Kaffeebohnen

Eintritt frei | C/ 2 Obispo Tristán/Av. 1 | www.museojuansantamaria.go.cr

PARQUE CENTRAL
Zentrum der Stadt ist der von hohen, dichten Mangobäumen sowie einigen imposanten Palmen beschattete Parque Central, von dem aus die meisten ihrer Sehenswürdigkeiten zu Fuß zu erreichen sind. An der Westseite *(C 2)* liegt neben der Nationalbank das Gebäude, in dem 1824 das erste Parlament des Landes tagte. An der Ostseite erhebt sich die schneeweiße *Kathedrale* aus der vorletzten Jahrhundertwende mit einer gewaltigen Wellblechkuppel.

ESSEN & TRINKEN

Die Calle 1 im Zentrum ist gespickt mit *sodas* und Mittelklasserestaurants. Sehr preiswert essen Sie an den Ständen des *Mercado Municipal,* zwei Blocks westlich des Zentralparks.

INSIDERTIPP EL MIRADOR
Ein gigantisches Lichtermeer. Kommen Sie abends zum rund 7 km entfernten Ort Pilas, dann genießen Sie im Freien einen Panoramablick auf die funkelnden Lichter von San José und der umliegenden Dörfer. Das Essen? Typische Tico-Küche und in großen Portionen. *N 712 | Pilas | Tel. 24 41 93 47 | €€*

TACOBAR ALAJUELA
Die Frühstücksbowls sind ein Hingucker, die Säfte und hausgemachten Limonaden köstlich. *C/ A 1 /Gegenüber C/ 11 | Tel. 24 40 62 27 | €–€€*

EINKAUFEN

FERIA DEL AGRICULTOR
Der 🌱 Wochenmarkt für Obst und Gemüse, Fleisch und Fisch wird von Kleinbauern und Ökofarmern beliefert und bietet auch Kleidung, Souvenirs und Kunsthandwerk. *Fr 14–21, Sa 7–14 Uhr | Plaza de Ferias | Av. 4 Concordia | www.plazaferias.com*

FREIZEIT & SPORT

INSIDERTIPP DOKA ESTATE ●
Seit mehr als 90 Jahren betreibt die Familie Vargas Ruíz ihre Kaffeefarm an den Hängen des Vulkans Poás, um ausgesuchte, vielfach mit Preisen bedachte Kaffeesorten zu produzieren. Als *Architectural Monument* geschützt ist die nach wie vor im Gebrauch befindliche Röstmaschine, die bei einer Besichtigungstour ebenfalls angesteuert wird. Nettes Highlight zum Schluss ist das *Coffee Tasting,* zu dem es hauseigene Schoki gibt. *Touren tgl. 9, 11, 13.30, 14.30, 15.30 Uhr | 22*

ZENTRALE HOCHEBENE

US-$ für 1,5-Std.-Tour | Sabanilla de Alajuela | 13 km nordwestl. von Alajuela | Tel. 24 49 51 52 | www.dokaestate.com

ÜBERNACHTEN

LA ROSA DE AMERICA
Süße, gepflegte Anlage mit etwas altmodischem Charme. Highlight ist der große Tropengarten mit alten Bäumen und erfrischendem Pool. Airport-Shuttle auf Anfrage. *12 Zi. | 1,7 km östlich von Zoo Av. | Tel. 24 33 27 41 | €*

PURA VIDA HOTEL
Zwischen Bananenstauden und Riesenbambus der einstigen Kaffeeplantage liegen Haupthaus und die 60 m² großen Casitas mit Terrasse. Für das kreative Bio-Essen ist die aus Vietnam stammende Inhaberin Nhi zuständig, während Berni Ihnen einen Leihwagen organisiert. Mit Pickup vom Airport. *6 Zi. | Tuetal Sur Ecke Tuetal Norte | Tel. 24 30 29 29 | www.puravidahotel.com | €€*

LOS ALEMANES
B&B-Gästehaus am Fuß des Vulkans Poás mit einfachen, gepflegten Zimmern sowie kleinem Pool im Tropengarten. *8 Zi. | Carrillos de Poás | Ruta 118 al Poás | Alajuela (11 km vom Flughafen) | Tel. 24 58 30 98 | www.costaricaurlaub.de | €€€*

AUSKUNFT

Es gibt kein Auskunftsbüro, ersatzweise ist das Museum behilflich.

ZIELE IN DER UMGEBUNG

POÁS (VULKAN) ★ ● ☘
(127 E–F1) (*m* G4)

Mit Eruptionen und Schwefelwolken meldete er sich 2017 kurz zurück, jetzt ist wieder Ruhe eingekehrt. Vorbei an Kaffeeplantagen schraubt sich die Straße hinauf zum Nationalpark in 2705 m Höhe. Starten Sie nach einem zeitigen Frühstück (Jacke nicht vergessen!), denn

---

MARCO POLO HIGHLIGHTS

★ Poás (Vulkan)
Großartige, gut ausgeschilderte Wanderwege führen rund um den Vulkankrater
→ S. 35

★ Valle Orosí
Phantastische Ausblicke von Serpentinen auf malerische Flussläufe
→ S. 40

★ Irazú (Vulkan)
Frühaufsteher belohnt vom Vulkangipfel der wohl schönste Blick des Landes → S. 38

★ Jardín Botánico Lankester
Die Pracht der Tropen vereint in einem Garten
→ S. 39

★ Museo del Oro Precolombino
Die größte Sammlung präkolumbischen Goldschmucks in San José
→ S. 46

★ Guayabo
Die Zeremonialstätte ist der bedeutendste Ausgrabungsort des Landes
→ S. 38

★ Museo Nacional
In San José: die Geschichte des Landes auf einen Blick → S. 46

★ Rainforest Aerial Tramway
Über die Wipfel des Regenwalds schweben
→ S. 44

★ Teatro Nacional
Nicht nur sein Café lohnt den Besuch des Theaters; vom Foyer bis zum Deckengemälde stimmt hier einfach alles → S. 47

CARTAGO

vormittags ziehen meist Wolken auf, beeinträchtigen die Sicht auf den gewaltigen, 1,5 km messenden Hauptkrater, aus dessen türkisfarbener Lagune meist Schwefeldämpfe aufziehen. Anschließend folgen Sie einem kurz vor dem Krater abzweigenden Dschungelpfad, flankiert von Bromelien und gewaltigen Baumfarnen zur *Laguna Botos*, einem vor mehreren Jahrtausenden erloschenen Krater, gefüllt von einem tiefblauen See. Alternative zum teuren Poás-Restaurant: INSIDER TIPP Zwei kleine Restaurants mit tollem Ausblick und niedrigen Preisen einige km unterhalb des Parkeingangs. *Tgl. 8–16 Uhr | Eintritt zum Nationalpark 15 US-$ (Wanderkarte im Besucherzentrum)*

SARCHÍ (127 E1) (*G5*)

Das 30 km entfernte Kunsthandwerkszentrum ist berühmt für seine handbemalten Ochsenkarren *(carretas pintadas)*, früher Transportmittel für Kaffee, heute Dekoobjekt und Touristenattraktion. In der Kleinstadt reihen sich Souvenir- und Kunsthandwerksläden sowie Möbelgeschäfte aneinander. An der Calle Principal liegt die INSIDER TIPP *Oxcart Factory* von Joaquín Chaverri, 1902 gegründet, mit einem besonders großen und farbenfrohen Angebot an Ochsenkarren. Unvergesslich ist ein Aufenthalt in der *El Silencio Lodge & Spa (16 Suiten | Tel. 24 76 03 03 | www.elsilenciolodge.com | €€€)*, 13 km nördlich von Sarchí, umgeben von Regenwald. Ökoluxus ist die richtige Charakterisierung des intimen Hotels: die Gäste wohnen in großzügigen, loftähnlichen *cabinas*. Drei köstliche Mahlzeiten im Restaurant, u. a. mit kalifornischer Health Cuisine, vervollkommnen den Aufenthalt ebenso wie ein Spa, in dem u. a. Yogaunterricht erteilt wird. In Sarchí Norte liegt der 7 ha große *Jardin Botánico Else Kientzler (tgl. 8–16 Uhr | www.ticoclub.com/kientzler.htm)*, einzigartig mit rund 2000 tropischen Pflanzen – und ein idealer Ort für ein Picknick.

ZARCERO (127 E1) (*F4*)

Von Sarchí fährt man nach Nordwesten und erreicht nach gut 20 km in 1736 m Höhe Zarcero. Am *Parque Evangelista Blanco Brenes* vor der Kirche hat ein Künstler Zypressen zu überlebensgroßen Phantasieformen und Figuren zurechtgeschnitten *(topiarios)* – Tiere, aber auch Hubschrauber und andere Objekte. Vorzügliche Mahlzeiten im Restaurant *Rancho de Ceci (2 km nördl. der Stadt in Laguna | Tel. 24 63 33 44 | €€)*.

CARTAGO

(128 A2) (*H5*) Cartago, die einstige Hauptstadt und älteste Stadt des Landes, ist schon des Öfteren vom Schicksal geprüft worden: zerstört durch sechs Erdbeben (die schlimmsten 1841 und 1910), bedroht durch Vulkanausbrüche des Irazú und Überflutungen.

Dennoch: Immer wieder wurde das 1563 von den Spaniern gegründete Cartago aufgebaut und diente bis 1823 auch als Hauptstadt des Landes. Heute präsentiert sich die alte Stadt im neuen Gewand, denn alle Gebäude stammen aus dem 20. Jh. Cartago (30 000 Ew.) liegt 22 km südöstlich von San José auf 1440 m Höhe, es ist daher etwas kühler. Berge und fruchtbare Ebenen umgeben die Stadt, doch in der grünen Landschaft gibt es auch einige Fabriken.

SEHENSWERTES

BASÍLICA DE NUESTRA SEÑORA DE LOS ÁNGELES

Gigantische Engelsfiguren in strahlendem Weiß blicken auf den Hauptein-

ZENTRALE HOCHEBENE

gang. Die 1926 im byzantinischen Stil wieder aufgebaute Basilika, die den Schrein mit der kleinen Marienstatue beherbergt, ist am 2. August Schauplatz einer INSIDER TIPP Prozession mit Volksfestcharakter, zu der aus dem ganzen Land Tausende anreisen. Im Kircheninneren finden Sie zahlreiche Vitrinen – Gläubige opfern dort ihre erkrankten Organe in Miniaturform und beten um Heilung. *Av. 2–4/C/ 16–18 | www.santuarionacional.org*

RUINAS DE LA PARROQUIA
Nur die Außenmauern der Pfarrkirche verschonte das schwere Erdbeben von 1910; seitdem mahnt die mächtige, 1575 aus Granit errichtete Kathedrale nur noch als Ruine. Der innen liegende Garten kann besichtigt werden. *Tgl. 9–17 Uhr | Eintritt frei | Av. 2/C/ 2*

Engel wachen über die Basílica de Nuestra Señora de Los Ángeles

MUSEO HISTÓRICO-ETNOGRÁFICO ELÍAS LEIVA QUIRÓS ●
Neben archäologischen Fundstücken aus präkolumbischer Zeit und Exponaten zur Anthropologie und Ethnografie Zentralamerikas finden Sie in diesem Museum einen Saal, in dem Waffen der spanischen Kolonialherren zu bestaunen sind. *Mo–Fr 8–14 Uhr | Eintritt frei, Spende erwünscht | C/ 3/Av. 3–5 | Edificio Norte, Colegio San Luis Gonzaga*

ESSEN & TRINKEN

LA PUERTA DEL SOL
Typische *soda* mit Bar, von morgens bis abends stark besucht, gut geeignet zum Schnuppern von Lokalkolorit. *Av. 1/C/ 13 C | Nordseite der Basilika | Tel. 25 51 06 15 | restaurantelapuertadelsol.com | €*

EINKAUFEN

MERCADO MUNICIPAL
Der Markt bietet nicht nur Lebensmittel, sondern auch Souvenirs und Kunsthandwerk wie Keramik und Lederwaren. *Mo–Sa 8–18 Uhr | Av. 1–3/C/ 2–4*

CARTAGO

FREIZEIT & SPORT

INSIDER TIPP ▶ LA FLOR DE PARAÍSO

Mit viel Engagement arbeiten alle auf dieser schönen, ökologisch ausgerichteten Non-Profit-Finca, die seit über 20 Jahren von einem gemeinnützigen Verein betrieben wird. Ein toller Ort, um einen Spanischkurs zu belegen, interessante Leute aus aller Welt kennenzulernen und sich ins Farmleben (Mitarbeit erwünscht!) zu integrieren. Ausflüge und Yogakurse gibt es ebenfalls, auch wer spontan an Volunteering interessiert ist, kann hereinschauen. *La Flor, 7 km nordöstl. von Paraíso an der Straße 10 nach Yas | www.la-flor.jimdo.org*

ÜBERNACHTEN

RIO PERLAS SPA & RESORT

Hier mag man gar nicht mehr weg: Im Thermalwasser des großen Pools relaxen, die riesige tropische Anlage erkunden, eine Massage probieren und sich nach dem Dinner von den Geräuschen des Urwalds in den Schlaf wiegen lassen. Tipp: die Suite River Sound. *64 Zi. | Orosi de Cartago, 5 km südlich von Cartago | 2 km östlich der Puente Negro | Tel. 25 33 33 41 | €€*

AUSKUNFT

Es gibt keine Auskunftsstelle, am besten wendet man sich an die Touristeninformation in San José.

ZIELE IN DER UMGEBUNG

GUAYABO ★ (128 B2) (*M J5*)

20 km nördlich von Turrialba (Naturstraße), an den Ausläufern des gleichnamigen Vulkans, liegt der präkolumbische Ausgrabungsort, die bedeutendste archäologische Stätte des Landes und Nationalmonument. Guayabo wurde schon im 19. Jh. entdeckt, doch erst Ende der Sechzigerjahre erforscht. Straßen, Hügelgräber, Aquädukte und Fundamente verweisen auf eine Siedlung, die zwischen 800 und 1400 ihre Blüte hatte, jedoch schon 500 v. Chr. bewohnt war. Kunst- und Kultgegenstände aus Keramik, Jade, Gold und Halbedelsteinen geben Auskunft über die kulturelle und religiöse Bedeutung des Orts. Bisher wurde nur eine Fläche von etwa 200 × 100 m der über 2 km² großen Zeremonialstätte dem Dschungel entrissen. Gepflasterte Wege erschließen die Umgebung des Regenwalds. Vom *Mirador* genießen Sie einen wunderbaren Rundblick. Tier- und Pflanzenliebhaber sind angetan von der unberührten Fauna und Flora der Stätte. Am Eingang des von dichtem Wald umgebenen Guayabo befinden sich ein Wegeplan und Ausgrabungsfunde. *Tgl. 8–15.30 Uhr | 10 US-$*

IRAZÚ (VULKAN) ★
(128 A2) (*M H5*)

Vom Kraterrand des 3432 m hohen Irazú weht nicht nur ein kalter Wind, sondern eröffnet sich auch ein Adlerblick über das Land, auf reiche Felder und kleine Siedlungen. Außergewöhnlich: In der Trockenzeit sieht man an klaren Tagen (nur dann) gleichzeitig zwei Weltmeere, die Küstenlinie des Golfs von Nicoya (Pazifik) auf der einen, die karibische Küste des Atlantiks auf der anderen Seite. Und im Norden glitzert der See von Nicaragua. Bereits während der Auffahrt zu dem 32 km nordöstlich von Cartago liegenden *Nationalpark Volcán Irazú* ergeben sich Ausblicke auf die Gebirgslandschaft des Valle Central mit Kartoffel- und Erdbeerfeldern, Eichenhainen sowie – nichts Ungewöhnliches in dieser Gegend – Herden von gefleckten Holsteiner Milchkühen.

ZENTRALE HOCHEBENE

Nur eine von mehr als 750 Arten: Orchidee im Jardín Lankester

Unmittelbar nach Betreten des Parks wird es vegetationslos, gleicht die Gegend einer Landschaft auf dem Mond – urteilte schon Neil Armstrong bei einem Besuch. Feiner, grauer Vulkansand bedeckt den Boden. Dann: Der Blick in den 300 m tiefen Hauptkrater, mit einem Durchmesser von 1000 m äußerst eindrucksvoll, auch wenn der giftgrüne Säuresee nur in der Regenzeit Wasser enthält. Geht man um den Hauptkrater herum nach Norden, entdeckt man dort einige Fumarolen. Nordöstlich erblicken Sie den Vulkan Turrialba, in westlicher Richtung liegt unten im Tal San José, und gelegentlich ragt der Vulkan Barva aus den Wolken. Auf dem Rückweg können Sie in Restaurants unterhalb des Gipfels landestypisches *Gallo Pinto*, serviert mit gebratenen Bananen, genießen. Übernachtung in idealer Lage 7 km nördlich von Cartago auf halbem Weg zum Vulkan im *Grandpas Hotel (9 Zi. | Tel. 25 36 66 66 | www.grandpashotel.com | €–€€)* in schönen, gepflegten *cabinas* mit Elektroofen und üppigem Frühstück. Empfehlenswert ist auch das nebenan gelegene stilvolle *Restaurante 1910 (Cot-Pacayas-Abzweig | Ctra. a Irazú | Tel. 25 36 60 63 | www.restaurant1910.com | €€)* mit Bildern vom Vulkanausbruch von 1910 und ungewöhnlich gutem Essen *(*Seebarsch: *corvina*, Schweinelende: *lomito)*. Park tgl. 8–15.30 Uhr | 15 US-$

JARDÍN BOTÁNICO LANKESTER ★ ◯
(128 A2) (*M H5*)

Ein Muss für Orchideenliebhaber ist dieser in den Vierzigerjahren von dem englischen Botaniker Charles Lankester angelegte und heute von der Universität von Costa Rica unterhaltene botanische Garten in einem 10 ha großen Wald. Einige der über 750 Arten erblühen im Treibhaus. 40 Bambusarten, ein großer Kakteengarten, im Winter kommen zahlreiche Zugvögel. Der absolut sehenswerte botanische Garten wurde um einen japa-

CARTAGO

nischen Garten mit typisch japanischem Haus, mit Bambus, einem Teich und einer Brücke erweitert. Besonders schön ist ein Besuch zur Blütezeit vieler Orchideen im März/April. *Tgl. 8.30–16.30 Uhr | 10 US-$ | 4 km Richtung Paraíso | www.jbl.ucr.ac.cr*

TURRIALBA (128 B2) (*M J5*)

Die 40 000-Ew.-Stadt liegt 37 km östlich in 625 m Höhe an den Ausläufern des 3339 m hohen Vulkans Turrialba sitzern liebevoll restauriert. Die Lage am Fluss animiert zu Kajaktouren, Ausflüge zum Vulkan und nach Guayabo werden organisiert.

VALLE OROSÍ (OROSÍTAL) ★
(128 A2–3) (*M H5–6*)

Südöstlich von Cartago erreichen Sie über *Paraíso* (ab dort weite Kaffeeplantagen) ein vom Río Grande de Orosí (später Reventazón) bewässertes Tal. Der Fluss wird bei *Cachí* gestaut. Die Gegend

Abenteuer für Wildwasser-Fans: Rafting in der Nähe von Turrialba

am gleichnamigen Fluss. Hier treffen sich Wildwasserfans, Vulkanbesucher und archäologisch Interessierte auf dem Weg nach Guayabo. Unterkunft im Hotel **INSIDER TIPP** *Casa Turire (16 Zi. | La Suiza | von Turialba Ri. Guápiles/ La Suiza, nach 6 km rechts, nach 2 km noch einmal | Tel. 25 31 11 11 | www.hotelcasaturire.com | €€€)*, dem schönsten Plantagenhaus der Umgebung, von den Schweizer Be-

reizte schon die Spanier: Die Franziskaner errichteten 1735 in Orosí die kleine *Missionskirche San José*. Neben dem Hauptgebäude mit seinem flachen, mit Ziegeln belegten Satteldach steht der weiße Glockenturm. Angeschlossen ist ein kleines *Museum für religiöse Kunst (tgl. 8–12, 13–17 Uhr)*. Der ☼ Aussichtspunkt *Mirador Orosí* beim Dorf bietet einen schönen Blick über das liebliche Tal.

ZENTRALE HOCHEBENE

Hübsch in den Kaffeeplantagen liegt am südöstlichen Ortsrand die 🌿 *Tapantí Media Lodge (11 Zi. | 2 km Richtung Tapantí | www.hoteltapantimedia. wordpress.com | €)* mit tollem Blick (übers Tal bis zum Turrialba-Vulkan), allerdings recht schlichten Zimmern. Es gibt WiFi und Tennisplatz, das italienische Restaurant auf der Terrasse im 1. Stock serviert Pizza und Forelle *(trucha)*. Auf dem Weg von Orosí am Fluss und See entlang passieren Sie nach etwa 10 km hinter dem Ort Cachí die ● *Casa del Soñador* (Haus des Träumers), ein klasse Woodworking-Studio. Hier waren leidenschaftliche Künstler am Werk: Schauen Sie zweimal hin, um zu erkennen, was für skurrile und witzige Details die Brüder Hermes und Miguel Quesada im Holz hinterlassen haben! Nach dem Überqueren des hohen Damms am Ostufer des Sees stoßen Sie beim Rückweg nach Paraíso auf den Ort *Ujarrás* (17 km von Cartago) mit den Resten einer kolonialen *Kirche,* Ende des 17. Jhs. gebaut. Die in einer Plantage gelegenen Ruinen drohten zu verfallen und werden heute vom costa-ricanischen Tourismusbüro ICT unterhalten – ein prima Ort für ein Picknick.

HEREDIA

(127 F2) *(⌘ G5)* **Nur 11 km nördlich von San José und doch eine andere Welt. Heredia punktet mit ausgeglichenem Klima, kolonialer Architektur und beschaulicher Kleinstadtatmosphäre – ideal, um hier ein paar Tage zu verbringen.** Ciudad de Flores, „Stadt der Blumen", wird die Hauptstadt (75 000 Ew.) der gleichnamigen Provinz in 1137 m Höhe wegen der frühlingshaften Temperaturen, der Blumenkübeln vor den Häusern, dem reichen Blumenschmuck genannt. Die Ziegeldächer der weißen Häuser werden von Kirchenkuppeln überragt, schmiedeeiserne Gitter wölben sich vor den Fenstern, wuchtige Holztüren und dicke Mauern halten die Kühle im Haus, schirmen Patios und Gärten ab. Man handelt mit Kaffee, der in der Umgebung angebaut wird. Östlich des Zentrums liegt die Nationaluniversität, deren Studenten die Atmosphäre der Stadt prägen. Heredias Grundriss ist streng kolonial: In der ersten Hälfte des 18. Jhs. wurde es – mit der Errichtung einer Kirche – von

LOW BUDGET

Costa Rica Backpackers **(U F3)** *(⌘ f3) (110 Betten | Av. 6/C/ 21–23 | Barrio California | San José | Tel. 22 21 61 91 | www.costaricabackpackers.com)* ist ein *hostal* mit Hotelqualität: großer Garten, Pool, Schlafsäle und Doppelzimmer, nettes Restaurant, Salsakurse.

Ein farbenfroh gestaltetes Gästehaus, ein nettes Hostel mit Dormitory-Zimmern oder lieber ein *homestay*, d. h. Übernachten bei Familien im schönen Orosí: *Montaña Linda (Tel. 25 33 36 40 | www.montanalinda. com)* bietet nicht nur tolle Spanischkurse für wenig Geld, sondern bringt Sie auch gut und günstig unter.

Überraschung im MADC, dem *Museo de Arte y Diseño Contemporáneo* **(U E3)** *(⌘ e3) (Mo–Sa 9.30–17 Uhr | Av. 3/C/ 15–17 | www.madc.cr)* in San José: Eines der wenigen alten Gebäude der Hauptstadt beherbergt die größte und beste Ausstellung zeitgenössischer Kunst und Malerei. ● Und jeden Montag ist der Eintritt frei.

HEREDIA

Spaniern gegründet, die aus der damaligen Hauptstadt Cartago kamen.

SEHENSWERTES

CASA DE LA CULTURA
Das Stadthaus des ehemaligen Präsidenten Alfredo González Flores dient heute als Büro- und Kulturhaus mit Wechselausstellungen und kulturellen Darbietungen am Abend. Einige Räume des Hauses

Wehrhafter Wachturm El Fortín im Zentrum von Heredia

werden außerdem als historisches Museum genutzt. *Av. Central Rafael Mora/C/ Central | Nordostecke des Parque Central | casadelaculturaalfredogonzalezflores.blogspot.com*

EL FORTÍN
Die Stadtverwaltung ist in Teilen dieses spanischen Festungsgebäudes untergebracht, zu dem auch ein mit (umgekehrten!) Schießscharten bestückter Wachturm von 1876 gehört. *Av. Central Rafael Mora | Nordseite des Parque Central*

LA INMACULADA CONCEPCIÓN
Erdbebensicher konstruiert ist die nach 30-jähriger Bauzeit 1797 vollendete Hauptkirche der Stadt: mit dicken Steinmauern und 30 Stützpfeilern des Innenschiffs. *Av. 2/C/ Central–1*

MUSEO DE BIOLOGÍA MARINA
Das meeresbiologische Institut der Universität unterhält ein Museum mit rund 2000 Exponaten aus der Tier- und Pflanzenwelt der Ozeane des Landes. *Mo–Fr 8–12, 13–16 Uhr | Eintritt frei | Universidad Nacional | östl. Ende der Av. Central*

INSIDER TIPP MUSEO DE CULTURA POPULAR
Restauriertes Landhaus (1885), das das ländliche Leben am Ende des 19. Jhs. zeigt. Ein gewaltiger steinerner Backofen sowie ein Steinkübel zum Kaffeemahlen befinden sich vor dem Eingang. Unterhalb des Museums wird sonntags das traditionelle Restaurant *La Fonda* (€) von Frauen aus Heredia betrieben. *So 10–17 Uhr | 2,50 US-$ | Santa Lucía de Barva | 4 km nordöstl. zwischen Heredia und Barva de Heredia, 1,2 km von der Hauptstr. | www.museo.una.ac.cr*

PARQUE CENTRAL
Die alten Residenzen reicher Kaffeebarone, Herrenhäuser im kolonialen und neoklassizistischen Stil, gruppieren sich ums grüne Herz der Stadt. An der Nordwestecke das verzierte Postamt, an der Ostseite die prächtige Kirche. *C/ Central/ Av. Central–2*

ZENTRALE HOCHEBENE

ESSEN & TRINKEN

EL TIGRE VESTIDO
Zum ausgiebigen Fünfgängedinner lädt das Restaurant des herrlichen Landguts *Finca Rosa Blanca*. Die Bioprodukte stammen aus eigenem Anbau, dazu gibt es besten Tischwein. Reservieren! *Santa Bárbara de Heredia | 5 km nordwestl. | Tel. 22 69 95 55 | www.eltigrevestido.com | €€€*

GRAN OPORTO
Elegantes Äußeres und edles Ambiente; vorzügliche, international ausgerichtete Speisen, das Richtige, wenn man mal genug hat vom costa-ricanischen und mexikanischen Essen. Köstlich sind die selbst gebackenen Kuchen und Cremetorten. *Tgl. ab 11.30 Uhr | Ctra. 111/C/28 | 300 m westl. Walmart | Tel. 22 63 20 59 | www.granoporto.com | €€€*

L'ANTICA ROMA
Pasta al Forno oder eine traditionelle Pizza aus dem Holzofen? Dazu gibt's einen guten Hauswein und als Abschluss den *homemade strawberry cheesecake*. Muy rico! *Av. 7/Ecke Calle 7 | Tel. 22 62 90 73 | €€*

EINKAUFEN

CENTRO COMERCIAL PASEO DE LAS FLORES
Zweistöckige Einkaufsmall mit über 300 Geschäften; dazu Restaurants, Cafés, Bars, Kino, Nachtclub. *Mo–Sa 10.30–21, So 11–20 Uhr | C/ Cordero | www.paseodelasflores.com*

FREIZEIT & SPORT

FINCA CAFÉ BRITT
Alles Kaffee in Heredia! Die Stadt ist von Plantagen umgeben und die Kaffeefinca ist eine der bekanntesten des Landes. Was macht eigentlich einen Gourmetkaffee aus? Warum wachsen neben den Kaffeesträuchern gewaltige Tropenbäume? Bei einer anderthalbstündigen, unterhaltsamen Tour *(Dez.–April 9, 11, 13.15, 15.15 Uhr, 22 US-$)* durch die Kaffeefabrik, die auf das 19. Jh. zurückgeht, gibt es so manches Aha-Erlebnis. Längst werden auch Kakao und Nüsse vermarktet, die Sie im Restaurant und Shop *(tgl. 8–17 Uhr)* probieren und kaufen können. *Mercedes Norte de Heredia (3 km nördl.) | www.coffeetour.com*

AM ABEND

Freiluftkonzerte gibt es mehrmals wöchentlich im *Pavillon* im *Parque Central*. Man trifft sich in den Bars an der Westseite der Universität, viele Studenten.

ÜBERNACHTEN

AMERICA
Modernes Haus in zentraler Lage nähe Parque Central, einfache Zimmer mit Klimaanlage; das Restaurant *El Rincón Tico* serviert regionale Gerichte. *42 Zi. | C/ Central/Av. 2–4 | Tel. 22 60 92 92 | www.hotelamericacr.com | €*

BOUGAINVILLEA
Im Landschaftspark des Resorts liegen Pools und Tennisplätze, Fitnesscenter und eine gute Lounge-Bar. Highlight der Zimmer sind luxuriöse Boxspringbetten. *81 Zi. | Santo Tomás de Santo Domingo | 7 km südöstl. | Tel. 22 44 14 14 | www.hb.co.cr | €€*

CIBELES RESORT
Meterhohe Bananenstauden, Palmen und süß duftende Blüten, ein netter Pool, die großen, gepflegten Zimmer etwas betulich und im amerikanischen Stil. Su-

HEREDIA

Im Stahlkorb durch die Baumkronen: Rain Forest Aerial Tramway

(20 000 Ew.), von der sich Wanderungen entlang der Flüsse und Täler der Nordostabhänge der Cordillera Central unternehmen lassen. Auf dem Weg liegt 5 km hinter dem Río Sucio (rechts, 3 km Waldweg mit Flussdurchquerung oder Hängebrücke) die legendäre ★ ● *Rainforest Aerial Tramway (tgl. 7.30–14 Uhr | 65 US-$/Buchungen im Hotel oder online | www.rainforestadventure.com)*, eine Gondelbahn, die Sie in 90 Min. mit vielen Stopps 1300 m in den Regenwald hinein- und wieder zurückbringt. Die Konstruktion, die dem Wissenschaftler Donald Perry erlaubte, in Rara Avis das Ökosystem aus der Höhe zu studieren, steht nun auch Touristen zur Verfügung. Außer der Fahrt mit der Gondelbahn lassen sich eine Vogelbeobachtungstour, ein Besuch im Schmetterlings- und ● Froschgarten *(mit dem glückbringenden Bluejeans Dartfrog)* oder im Serpentarium, außerdem eine Canopytour mit sieben Zip Lines sowie Trekkingtouren buchen. Von Heredia: Bus nach Guápiles oder Puerto Viejo de Sarapiquí *(stdl. ab C/12/Av. 7–9)* bis zur *Tramway (7 km nach dem Zurquítunnel)*.

per Preis. *21 Zi. | Verlängerung Av. 13 nach San Josecito | Tel. 2 26 03 17 67 | €–€€*

AUSKUNFT

Auskünfte erhalten Sie im Museo de Cultura Popular.

ZIELE IN DER UMGEBUNG

GUÁPILES (125 D5) (*J4*)
60 km nordöstlich von Heredia liegt an der Straße nach Limón inmitten von Bananenplantagen die Ortschaft Guápiles

INBIOPARQUE SANTO DOMINGO DE HEREDIA ● (127 F2) (*G5*)
Der Park des *Instituto Nacional de Biodiversidad* dient als botanischer Garten, Museum, Forschungsinstitut und Unterrichtszentrum. ● In zwei großen Hallen werden die Naturwunder des Landes gezeigt und erläutert. Lehrpfade führen durch Regen-, Trocken- und Nebelwald zu Gehegen mit Leguanen, Schmetterlingen, Kaimanen, Fröschen, Schlangen und vielen weiteren Tieren. Videovorführungen und Broschüren vertiefen die Informationen. *Fr 9–15, Sa/So 9–16 Uhr | geführte Wanderung mit Erläuterung (9, 11, 14 Uhr) 25 US-$ | 500 m südl. des Roten Kreuzes (cruz roja) von Santo Domin-*

ZENTRALE HOCHEBENE

go und 250 m östl. am Südrand der Ortschaft | www.inbioparque.com

PARQUE NACIONAL BRAULIO CARRILLO (127 F1) (*G–J 3–5*)

Steil aufragende Berge, canonartige Schluchten, Regen- und Nebelwald: Der große Nationalpark nördlich von Heredia wurde 1978 geschaffen, als man die neue Straße von San José nach Puerto Limón durch ihn hindurchführte. Der Regenwald mit 100 Orchideenarten ist Lebensraum für viele Tiere – Hunderte von Vogelarten, Raubkatzen, Tapire; unübersehbar sind die Affenfamilien. Im Park rauschen Flüsse und Wasserfälle, leuchten die roten Blüten großer Bäume, *llama del bosque* (Flamme des Waldes) genannt. Hier liegen die Vulkane *Barva* (2906 m, mehrere Kraterseen) und *Cacho Negro*. Zufahrt zum Barva über San José de la Montaña nach Sacramento, von dort 5 km zu Fuß. Der Haupteingang *Zurquí* (mit Cafeteria und Guide-Service) liegt an der Nationalstraße 32 von San José nach Guápiles hinter dem gleichnamigen Tunnel; weitere Eingänge gibt's an derselben Straße *(Puesto Carillo)* und am Abzweig nach Puerto Viejo de Sarapiquí *(La Selva)*. Tgl. 8–15.30 Uhr | 12 US-$

PUERTO VIEJO DE SARAPIQUÍ (124 C4) (*H3*)

In nördlicher Richtung führt eine Straße entlang des Braulio-Carrillo-Nationalparks durch eine der abwechslungsreichsten Landschaften und Bergregionen Costa Ricas ins 90 km entfernte Puerto Viejo, einst wichtiger Hafen am Sarapiquí, der über den Río San Juan mit dem Río Colorado verbunden ist. Dadurch sind auch die Nationalparks Barra del Colorado und Tortuguero von Puerto Viejo aus per Boot erreichbar.

Übernachtungstipp: In einem tropischen Garten liegt die *Posada Andrea Cristina* (10 Zi. | Ctra. a Virgen | Barrio El Jardín, 800 m westl. von Puerto Viejo | Tel. 27 66 62 65 | www.posadaandrea.wix.com/andreacristina | €). Im Zentrum des Orts Puerto Viejo empfiehlt sich das **INSIDER TIPP** *Hotel El Bambú* (40 Zi. | Ctra. 505/gegenüber dem Parque Principal | Tel. 27 66 60 05 | www.elbambu.com | €) mit sehr geräumigen Zimmern und großen Veranden in einer Urwaldgartenanlage auf Stelzen und mit großem Swimmingpool. Sehr entspannend!

RARA AVIS (124 C4–5) (*H4*)

Mit einer Festung in der Wildnis vergleicht Amos Bien sein privates Naturschutzgebiet. An der Nordostgrenze des Braulio-Carrillo-Parks, an einem Abzweig der Straße nach Puerto Viejo (Zugang von Las Horquetas), liegt Rara Avis, in dem der US-amerikanische Biologe Donald Perry das 30 bis 40 m über dem Boden liegende Kronendach des Regenwalds erforschte. Im Gewirr von Orchideen, Lianen und Tausenden weiterer Epiphyten hat sich eine zweite Naturwelt etabliert; hier leben Schlangen, Frösche, Insekten und Vögel. Unterkunft in der *Waterfall Lodge (Tel. 27 64 11 11 | €€)*, einem zweistöckigen, dschungelumgebenen Holzhaus (ohne Strom!) mit Veranda und acht rustikalen Doppelzimmern. Abenteuerliche Anreise tgl. 9 Uhr ab Rara-Avis-Büro Las Horquetas (15 km, 3 Std.) mit Traktor (200 US-$ pro Gruppe) oder Pferd (35 US-$ pro Person) | www.rara-avis.com

SAN JOSÉ

KARTE IM HINTEREN UMSCHLAG
(127 F2) (*G–H5*) **San José ist keine Stadt zum Verlieben. Durch die schachbrettartig angelegten Straßen, eine Mischung aus spanischer Planung**

SAN JOSÉ

> **WOHIN ZUERST?**
> Vom Coca-Cola-Busbahnhof haben Sie einen 1,5 km langen Fußweg auf der Avenida Central zur **Plaza de la Cultura (U D–E3)** *(m d–e3)* vor sich. Das Taxi darf nicht mehr als 2 Euro kosten. An der Plaza findet man eine ICT-Tourist Information, das Goldmuseum und das Teatro Nacional. In dessen Café oder unter den Arkaden des Gran Hotel können Sie eine Pause einlegen. Die Avenida Central führt weiter zum Nationalmuseum.

und modernen Erweiterungen, quält sich dichter Verkehr, Fabriken schicken ihre Abgase gen Himmel.
Rund 440 000 Einwohner (über 1,6 Mio. mit denen im Umland) zählt die Stadt, die in einem Kaffeetal in 1150 m Höhe am Fuß der Cordillera Central liegt. Diese Lage sichert der Stadt ein angenehmes Klima. Seit 1823 ist San José Hauptstadt des Landes, eine moderne und recht wohlhabende Metropole mit nur wenigen prächtigen Bauwerken und Überbleibseln der spanischen Epoche. Man bemühte sich, der grauen Stadt ein paar Farbtupfer zu verpassen. So erstrahlen das neoklassizistische Hotel del Rey und die Holzhäuser aus der vorletzten Jahrhundertwende im alten Viertel Barrio Amón in neuem Glanz, ebenso die Plätze Parque Morazán, Parque de la Merced und Parque Central.

SEHENSWERTES

Die Avenidas verlaufen (wie in vielen Städten Costa Ricas) in Ost-West-Richtung (nördlich der Avenida Central die ungeraden, südlich die geraden), die Calles von Norden nach Süden (östlich der Calle Central ungerade, westlich gerade). Schönster Stadtteil ist das Barrio Amón gleich nördlich des Zentrums: gepflegte Holzhäuser im karibischen Stil und viktorianische Bauwerke der Kolonialzeit – ideal für einen Bummel.

MUSEO DEL ORO PRECOLOMBINO ★
● (U D–E3) *(m d–e3)*
Der Goldschatz ruht im Keller: Was im unterirdischen Museumskomplex der Banco Central zu sehen ist, ist nicht nur von unschätzbarem Wert, sondern faszinierend und schön zugleich. Winzige, Jahrtausende alte Frösche, Vögel und Krokodile aus purem Gold, kleine, detailliert geformte Tänzerinnen und Schamanen, üppige Ketten und Armbänder, Teller und Tassen – die 1600 gezeigten Stücke stammen von 500 v. Chr. bis zum 16. Jh. Allein dafür lohnt sich der Besuch des stressigen San José. *Tgl. 9.15–17 Uhr | 12 US-$ (inkl. Münzmuseum im oberen Stockwerk) | C/ 5/Av. Central | unter der Plaza de la Cultura | www.museosdelbancocentral.org*

MUSEO NACIONAL ★ (U E3) *(m e3)*
Typisch Costa Rica. Der Rundgang durchs Nationalmuseum startet in einem Schmetterlingshaus voller Palmen und tropischer Blüten. Überall surrt und flattert es. Interessant geht es weiter: Der Friedensnobelpreis von Óscar Arias Sánchez ist zu sehen ebenso wie Arbeitszimmer mit Originalmöbeln früherer Präsidenten. Toll: der Dachgarten mit Frangipani-Bäumen und Sitzbänken – ideal für die Pause zwischendurch. *Di–So 8.30–16.30 Uhr | 9 US-$ | Plaza de la Democracia | C/ 15/Av. Central–2 | www.museocostarica.go.cr*

MUSEO NACIONAL DEL JADE
(U E2) *(m e2)*
Eine größere Ausstellung an präkolumbischen Ausgrabungen, Steinen und Fi-

ZENTRALE HOCHEBENE

guren aus Jade sehen Sie nirgendwo. Auch wenn die öffentliche Meinung über den für mehr als 20 Mio. US-$ errichteten Bau, der einem Klotz unbehandelter Jade nachempfunden ist, eher negativ ist: Drinnen, in gedämpftem Licht und auf fünf Etagen (!) tauchen Sie vollkommen ein in die Welt des einst in ganz Mittelamerika für kultische Handlungen geschätzten Schmucksteins. INSIDER TIPP Sehr lebendig erscheinen die kleinen Skulpturen des einheimischen Bildhauers Olger Villegas Cruz in der (kostenlos zu betretenden) Eingangshalle. *Tgl. 10–17 Uhr | 15 US-$ | Av. Central/C/ 13 | Westseite der Plaza de la Democracia | www.museodeljadeins.com*

PARQUE NACIONAL (U E–F3) (*m e–f3*)

In der Mitte des recht zentral gelegenen Parks erinnert ein auffälliges Bronzemonument von 1885 an die Abschaffung der Sklaverei und daran, dass fünf mittelamerikanische Staaten den Annexionsversuchen von William Walker widerstanden. *Av. 1–3/C/ 15–17*

PARQUE ZOOLÓGICO SIMÓN BOLÍVAR (U E2) (*m e2*)

Ein Zoobesuch in Costa Rica? Hier erinnern die weitläufige, grüne Umgebung mit Tropenbäumen und einem See eher an einen botanischen Garten – erfrischendes Mittel gegen drohenden City-Koller. Neben Jaguaren und Schildkröten sind für die *ticos* die Riesenschlangen am faszinierendsten. *Tgl. 9–16.30 Uhr | 2600 Colones | Av. 11/C/ 7–9 | www.fundazoo.org*

TEATRO NACIONAL ★
(U D–E3) (*m d–e3*)

Das Neorenaissancetheater von 1897, dem die Pariser Oper Modell stand, ist mit seinen Marmortreppen und Fresken, dem golddekorierten Foyer und venezianischen Spiegeln das schönste Mittelamerikas. Das Deckengemälde in der Eingangshalle findet sich auf dem 5-Colones-Schein wieder. Der zur Bühne geneigte Zuschauerraum lässt sich für Tanzveranstaltungen waagerecht stellen. Schönster Ort, um in San José einen guten Kaffee zu trinken und Kuchen zu essen, ist das großartige ● *Belle-Époque-Café (Mo–Sa 9–19, So 9–18 Uhr | Tel. 20 10 11 19 | www.almadecafe.cr)*. *Di–So 9–17 Uhr | 10 US-$ | Av. Segunda/C/ 3–5 | www.teatronacional.go.cr*

Museo Nacional del Jade: Schmuck und Keramik aus vorkolonialer Zeit

SAN JOSÉ

ESSEN & TRINKEN

KALÚ (U E3) (*e3*)
Hier sind echte Künstler am Werk, vom Salat mit Süßkartoffel-Fries bis zum Schokokuchen mit Vanillesauce und Nusskrokanthaube: Jedes Gericht im Hipster-Treff ist auch ein Hingucker. Mit schickem Gartenbereich. *Calle 31/Av. 5 | Barrio Escalante | Tel. 22 53 84 26 | €€*

SODA TAPIA (U A3) (*a3*)
In La Sabana wird unweit des Kunstmuseums seit 80 Jahren *gallo pinto* serviert. Auf der Terrasse zur Straße ist es lebhaft und gelegentlich laut. *C/ 42/Av. 2 | Tel. 22 22 67 34 | €*

TIN JO (U E4) (*e4*)
Asiatische Küche: indische und Thai-Curry, Fischspezialitäten und Meeresfrüchte, viele vegetarische Gerichte; umfangreiche Weinkarte. *C/ 11/Av. 6–8 | Tel. 22 21 76 05 | www.tinjo.com | €€*

VISHNU (U D3) (*d3*)
Restaurantkette für Vegetarier. Beliebt ist das Tagesgericht *(comida corrida)*, das schnell auf den Tisch kommt. *Av. 1/C/ 1–3 | Tel. 22 56 60 63 | €*

EINKAUFEN

Generell gilt: Die auf den Märkten der Hauptstadt und in den Kunsthandwerksläden angebotenen Waren stammen zum beträchtlichen Teil aus Guatemala und Südamerika. Jedoch gibt es auch einige schöne typisch costa-ricanische Produkte. Eine Fundgrube – besonders an Wochenenden – ist die *Plaza de la Cultura* (U D–E3) (*d–e3*) (*Av. Central/C/ 5*) mit Ständen, an denen Hängematten, Keramiken, Schnitzarbeiten und Lederwaren gehandelt werden. Am Fuß des Nationalmuseums, auf der *Plaza de la Democracia* (U E3) (*e3*), werden an kleinen Ständen Webarbeiten aus Guatemala und Silber und Keramik aus Mexiko verkauft.

FREIZEIT & SPORT

CRUZ DE ALAJUELITA ☘ (127 F2) (*G5*)
Etwas Action gefällig? San José ist umgeben von Bergen, und auf den an klaren Tagen sichtbaren, 2036 m hohen Cerro San Miguel führt ein entspannter Hike. Nehmen Sie an der Avenida 2 vor der Kirche La Merced den Bus zum Vorort Alajuelita El Llano und beginnen dort den zwei- bis dreistündigen Aufstieg. Der Weg ist nicht markiert, aber das große Kreuz auf der Bergkuppe weist Ihnen den Weg. Cafés und Bars mit Aussichtsterrassen *(miradores)* in die verschwenderische Natur säumen die Strecke.

AM ABEND

Electronic, Reggae, Hip Hop: *Club Vertigo* (Do 21–2.30, Fr/Sa 21–6 Uhr | Paseo Colón | Centro Colón | vertigocr.com) ist die größte und beste Location zum Partymachen, hier legen die bekanntesten DJs des Kontinents auf, auf zwei Dancefloors wird gefeiert.

ÜBERNACHTEN

Am schönsten ist es im stimmungsvollen, angesagten Viertel *Barrio Amón* nördlich des (lauten) Zentrums, hier liegen viele B&B-Häuser in traditionsreichen Gebäuden, die meisten davon individuell und gemütlich.

ALTA ☘ (0) (*0*)
Moderner Haciendastil in den Hügeln westlich mit Blick über San José. Zimmer, Service und Restaurant sind her-

ZENTRALE HOCHEBENE

vorragend. Empfehlenswert: Buchung mit Flughafenabholung. *23 Zi. | Los Altos de las Palomas | Tel. 22 82 41 60 | www.thealtahotel.com | €€€*

BALMORAL (U E3) (*m e3*)
Vier Sterne mit moderner Fassade und Top-Lage im historischen Zentrum. Beliebter Treff ist das große Restaurant-Café mit viel Atmosphäre; regelmäßig Livemusik. *112 Zi. | Av. Central/C/ 7–9 | Tel. 22 22 50 22 | www.balmoral.co.cr | €€*

INSIDER TIPP ▶ COSTA RICA GUESTHOUSE (U F3) (*m f3*)
Stilvoll und günstig: In einem Kolonialhaus von 1905 gibt es große, unterschiedlich ausgestattete Zimmer – auch welche mit Gemeinschaftsbad). Mit behaglichen Patios und Internet. *25 Zi. | Av. 6/C/ 21–23 | Tel. 22 23 70 34 | www.costa-rica-guesthouse.com | €*

COSTA RICA MARRIOTT SAN JOSÉ
Die Lage außerhalb der Stadt lohnt sich: Blick auf die umgebenden Berge, tolle koloniale Architektur auf einer alten Plantage, mit Pools und einem Spa, in dem sich alles um Kaffee dreht, ideal zum Verwöhnen. Kostenloser Pickup vom Airport. *299 Zi. | 700 m westlich von Bridgestone/Firestone | La Ribera de Belen | Tel. 22 98 00 00 | €€€*

AUSKUNFT

INSTITUTO COSTARRICENSE DE TURISMO (ICT) (0) (*m 0*)
Das ICT-Hauptbüro bietet Infos über das ganze Land und San José. Zweigstelle in der Av. Central neben dem Kasinoeingang des Grand Hotels (nähe Plaza de la Cultura). *Autopista General Cañas 1 | Ostseite der Juan Pablo II-Brücke, Uruca | Tel. 22 99 58 00 | www.visitcostarica.com*

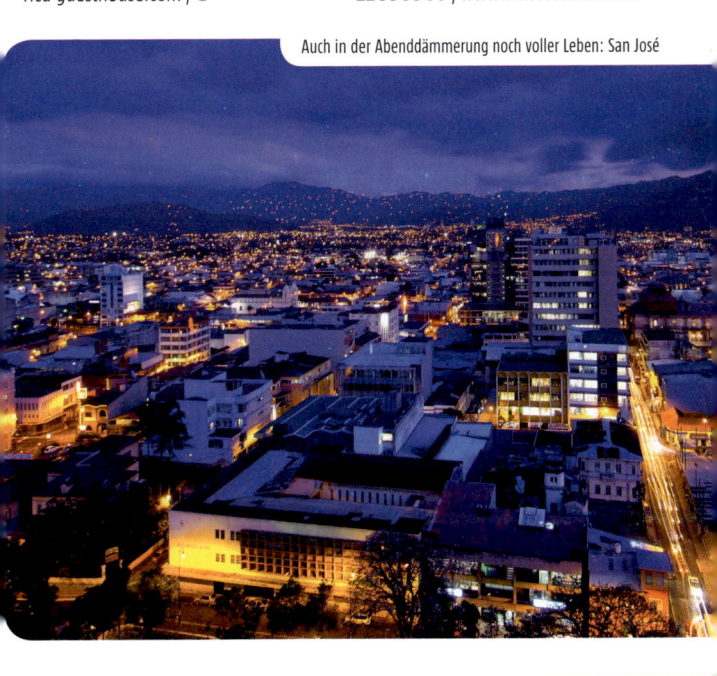

Auch in der Abenddämmerung noch voller Leben: San José

DER NORDWESTEN

Farmen, Zeburinder und hoch zu Ross sitzende *sabaneros*, die mittelamerikanischen Cowboys, prägen das Bild vom „Wilden Westen". Costa Ricas Nordwesten ist ein trockener und heißer Landstrich.

Tatsächlich lebt man hier von der Viehzucht, bedecken Weideflächen und Steppen das Land. Der von der Provinz Guanacaste (der zweitgrößten des Landes) und teilweise von Puntarenas gebildete Nordwesten gehört zu den touristisch weniger erschlossenen Gebieten. An afrikanische Savannen erinnern weite Ebenen mit ausgedörrtem Gras, Schatten spenden allein die sich schirmartig ausbreitenden Bäume. Nur zwischen Mai und November fällt nennenswert Regen und erscheint frisches Grün. Andererseits: Die Region verfügt über mehr als ein Dutzend Parks und Reservate, mit tropischen Trockenwäldern und Regenwäldern in den Tiefebenen, nebelverhangen in höheren Regionen. Meeresschildkröten schätzen die noch weitgehend leeren Küstenabschnitte als Brutplatz.

LIBERIA

(122 C3) (*M C3*) Hitze und Staub liegen während der Sommermonate über den mit hellem Tuffstein gepflasterten Straßen und weißen Häusern, die Liberia den Namen „Ciudad Blanca", weiße Stadt, eintrugen.
Allerdings haben Asphalt und Graputz mittlerweile das meiste Weiß überdeckt.

Bild: Monteverde

Cowboyromantik, tropische Strände und zahlreiche Nationalparks locken in den „Wilden Westen" und zur Pazifikküste

Mit 48 000 Ew. (und weiteren 10 000 in den umliegenden Gemeinden) ist die im Schachbrettmuster an den Ufern des Río Liberia angelegte, 1769 gegründete Hauptstadt der Provinz Guanacaste eine eher beschauliche Stadt, an Wochenenden Einkaufs- und Vergnügungsziel der auf den Rinder- und Pferdefarmen der Umgebung arbeitenden *sabaneros*. Liberias Lage an der Carretera Interamericana, wie die Panamericana, die „Traumstraße der Welt", in Costa Rica genannt wird, bringt der Stadt nicht nur Durchgangsverkehr, sondern sie dient auch als Ausgangspunkt für Besuche der Nicoya-Halbinsel mit ihren beliebten Stränden und der nördlich gelegenen Nationalparks Santa Rosa und Rincón de la Vieja.

SEHENSWERTES

SONNENTÜREN
Achten Sie auf die für viele Häuser der Stadt typische *puerta del sol*: Gleich zwei Außentüren führen an der nach Nordosten und an der nach Nordwesten gelege-

LIBERIA

nen Seite des Hauses ins Innere. Früher blieb die jeweils der Sonne zugewandte Tür offen und ließ Licht herein; heute, im Zeichen der Elektrizität, steht die sonnenabgewandte Tür offen und lässt frische Luft herein, die Hitze bleibt draußen.

ESSEN & TRINKEN

EL BRAMADERO
Seit mehr als 50 Jahren weiß man hier, wie ein saftiges Steak zubereitet wird. An langen Tischen genießen Einheimische wie Zugezogene das auf den Grills zubereitete Essen. Vegetarier sind zufrieden mit üppigen Salaten und frisch zubereiteten Gemüsegerichten. *Tgl. | Panamericana/Av. 1 | neben McDonald's | Tel. 26 66 03 71 | www.hotelbramadero.com | €€*

EL CAFÉ LIBERIA
„As time goes by"-Atmosphäre im wunderbaren Kolonialhaus. Neben bester Tico-Küche auch Klassiker wie Caesar Salad und Pasta, dazu Kaffeespezialitäten und üppige Desserts und Kuchen. Rundum gut. *Casa Zuñiga | C/ Real | Tel. 26 65 16 60 | www.cafeliberia.com | €*

FREIZEIT & SPORT

PONDEROSA ADVENTURE PARK
In dem privaten Tierreservat leben Elefanten, Giraffen und Zebras, auf einer Wildlife-Tour mit dem Ranger schnuppern Sie Safari-Atmosphäre. Ein Erlebnis sind auch die Ausritte auf top-gepflegten Pferden. *Tgl. 9–17 Uhr | Safaritour 50 US-$ | El Salto, Panamericana, 8 km südl. von Liberia | Tel. 22 88 10 00 | www.ponderosaadventurepark.com*

ÜBERNACHTEN

BOYEROS
Komfortabel mit Pools in ruhiger Lage und Grün, Bakonzimmer. *70 Zi. | Panamericana/Av. 2–4 | Tel. 26 66 07 22 | www.hotelboyeros.com | €€*

Perfekte Form: Schon von Weitem erkennt man den Vulkan Arenal

DER NORDWESTEN

HOTEL LIBERIA
Das Haus im Kolonialstil aus den 1940er-Jahren wurde gekonnt restauriert. Fragen Sie nach einem Zimmer im alten Gebäude (casona), die sind kaum teurer: hohe Decken, tolle Atmosphäre – *muy elegante*! *18 Zi. | C/ Central | Tel. 26 66 01 61 | www.hotellibieriacr.com | €*

LAS ESPUELAS
Moderne, komfortable Zimmer umgeben einen großen Pool. Abends trifft man sich an der Poolbar, ab und zu treten Folklorebands auf. Rustikal ausgestattetes Restaurant, gerühmt für seine Meeresfrüchte. *44 Zi. | Panamericana (2 km südl. des Liberiaabzweigs) | Tel. 26 66 01 44 | €€*

AUSKUNFT
Informationen über die Stadt findet man bei *liberiacostaricainfo.com* und *www.muniliberia.go.cr*, über die Provinz bei *www.guanacastecostarica.com*.

ZIELE IN DER UMGEBUNG

LAGUNA DE ARENAL (ARENALSEE)
(123 E3–4) (*D–E3*)
Der 40 km lange Stausee ist eines der besten Binnensurfreviere weltweit. Für konstante Passatwinde (am stärksten zwischen Januar und April) sorgt der wie ein Trichter wirkende, 1633 m hohe ★ *Volcán Arenal* östlich des Sees. Faszinierend ist der Blick auf den aktiven Vulkan vom Südwestufer oder vom Parqueo Interior (3 km westlich), wenn bei klarem Himmel die perfekte Kegelform des Vulkans auszumachen ist. Surfer treffen sich am Westufer am INSIDERTIPP *Tico Windsurf – Kitesurf & SUP Center (www.ticowind.com)*; dort gibt es auch einen Surfbrettverleih. Außerdem finden Sie am Westufer diverse Restaurants und Cottages. Empfehlenswert ist die INSIDERTIPP *Volcano Lodge (65 Zi. | Ctra. La Fortuna–Tabacón | Tel. 24 79 28 00 | www.volcanolodge.com | €€€)* am Fluss La Palma mit komfortablen Zimmern mit Vulkanblick; Transport zu Hot Springs und Vulkan.

In der Stadt La Fortuna liegt das Hotel *La Fortuna (44 Zi. | Av. 325/C/ 466 | Tel. 24 79 91 97 | www.lafortunahotel.com | €–€€)* nur einen Block von der zentralen Plaza entfernt. Das äußerlich nicht sonderlich ansprechende, moderne und mehrstöckige Haus bietet einen super Blick auf den Vulkan und gepflegte Zimmer zum günstigen Preis, auch ein kleines Restaurant. Sehr preiswert kommen Sie im Hostel *La Choza Inn (16 Zi. | Av. 331 | La Fortuna | Tel. 24 79 90 91 | www.*

MARCO POLO HIGHLIGHTS

★ **Volcán Arenal**
Keiner der Vulkane Costa Ricas ragt so vollkommen in den Himmel → S. 53

★ **Balnearios in La Fortuna**
Schwimmbecken mit 45-Grad-Thermalwasser und Sicht auf den Vulkan Arenal → S. 54

★ **Parque Nacional Rincón de la Vieja**
Heiße Quellen, Kraterseen und ein Pool mit gesundem Vulkanschlamm → S. 55

★ **Reserva Bosque Nuboso Santa Elena**
Auf Lehrpfaden geht es abseits der Massen durch den Dschungel → S. 58

★ **Skywalk in Monteverde**
Ein Spaziergang zwischen 40 m hohen Baumkronen → S. 59

LIBERIA

lachozainnhostel.com | €) unter, mehr ein kleines Hotel als Hostel.

In La Fortuna und Umgebung liegen mehrere ★ Thermalpools: Der Vulkan Arenal liefert 45 Grad heißes Wasser und gesundheitsfördernde Mineralien dazu, die Quelle speist Becken mit immer neuem Wasser. Das *Balneario Tabacón* 12 km von La Fortuna gehört zum Luxushotel *Tabacón Grand Spa Thermal Resort* (www.tabacon.com) und ist mit einem *day pass* für 85 US-$ (inkl. Lunch, in der Hochsaison 94 US-$) die schönste Adresse für Wellness und Entspannung im heißen Quellwasser. Regenwaldvegetation und ein Dutzend mit gewaltigen Felsen gestylte Pools sind das Kennzeichen der *Baldi Hot Springs* (www.baldicostarica.cr | tgl. 10–22 Uhr) des gleichnamigen Resorts, ca. 4 km westlich von La Fortuna, ein *day pass* kommt auf 34 US-$. Die ● *Eco Termales La Fortuna* (32 US-$ (4 Std.) | gegenüber von Baldi | Tel. 24 79 87 87 | www.ecotermalesfortuna.cr) sind täglich von 9 bis 21 Uhr geöffnet und bieten fünf Wasserbecken; maximal 100 Gäste gleichzeitig, Reservierung ratsam. Die **INSIDER TIPP** *Termales Los Laureles* (www.termaleslosaureles.com) mit vier Wasserbecken liegen 7 km westlich von La Fortuna und sind mit 12 US-$ Eintritt am preiswertesten.

● *The Springs Resort & Spa* (www.springscostarica.com) liegt in einem riesigen tropischen Gelände 13 km nordwestlich von La Fortuna. Das Hauptgebäude mit weitläufigen, luxuriösen Zimmern und Suiten ist umgeben von 18 Pools und Thermalbecken, einige mit spektakulärem Vulkanblick, sowie einem der besten Spas des Landes; Eintritt für Tagesbesucher 40 US-$. Thrill gefällig? Dann nichts wie hin zu den ☀ **INSIDER TIPP** *Puentes Colgantes* (tgl. 7.30–16.30 Uhr | 26 US-$ | La Fortuna, 4 km westl. von Tabacón, Abzweig am Staudamm, dann 2 km auf gut befestigter Str. | https://misticopark.com/self-guided-hanging-bridges): ein 3 km langer Wanderweg, der es in sich hat, weil er immer wieder unterbrochen wird von vielen, bis zu 100 m langen Hängebrücken, darunter ziemlich abenteuerliche Konstruktionen; sehr schöner Blick auf den Vulkan Arenal und die Cordillera Central, mit Restaurant.

Südlich des Sees liegt das ● ☀ *Butterfly Conservatory* (tgl. 8.30–16.30 Uhr | 14,50 US-$ | Anfahrt vom Staudamm ca. 7 km entlang des Ostufers auf Schotterstr. | www.butterflyconservatory.org) mit Blick auf See und Vulkan. In den Schmetterlingshäusern flattern tropische Falter, nebenan quaken Frösche im Ranarium, und beim Lauf durch den Regenwald gibt es Heilkräuter zu erschnuppern.

Den *Arenal Natura Ecological Park* (tgl. 8–17 Uhr | 29 US-$ | www.arenalnatura.com) erreichen Sie von der Straße von La Fortuna zum Vulkan (6 km), 300 m nordöstlich des Hotels *Volcano Lodge*. 2-stündige Führung mit vielen Erklärungen zu ca. 25 Frosch- und Krötenarten, alle in schönen Terrarien; auch einige Schlangen und Krokodile.

Etwa 2,5 km östlich von La Fortuna (Richtung San Carlos, Busstation Agua Azul) liegt das ● *Ecocentro Danaus* (tgl. 8–17 Uhr | 13 US-$ | www.ecocentrodanaus.com), ein privates, engagiert betriebenes und vielfach ausgezeichnetes Naturschutzgebiet. **INSIDER TIPP** Toll sind die anderthalbstündigen Touren und die Chance, Malekus zu treffen, Mitglieder eines kleinen, indigenen Volkes. Die leben etwa 50 km von La Fortuna von Landwirtschaft und Fischfang und kommen hierher, um handgefertigte Pfeile und Bögen und aus Balsaholz gefertigte Skulpturen zu verkaufen. Eine der seltenen Gelegenheiten, mit den (auch) spanisch sprechenden Malekus in Kontakt zu kommen.

DER NORDWESTEN

So lässt's sich aushalten: von heißer Quelle gespeister Pool in La Fortuna

PARQUE NACIONAL RINCÓN DE LA VIEJA ★ (122 C2) (*C2*)

27 km nordöstlich von Liberia umgibt der Naturpark den gleichnamigen Vulkan (1895 m) und einen weiteren (Santa María, 1916 m). In dem geothermisch aktiven tropischen Waldgebiet mit mehr als 250 Vogelarten sprudeln Schwefel- und andere heiße Quellen, stößt man auf Fumarolen und Kraterseen. Mehr als 30 Bäche und Flüsse entspringen im Park, zwischen 600 und 1900 Höhenmetern gibt es unterschiedlichste Vegetationszonen. Der Vulkan Rincón hatte an mehreren Stellen Ausbrüche, zuletzt 1995. Ausflüge werden in Liberia angeboten (auf neuer, geteerter Straße). *Park Di–So 8–16 Uhr | 15 US-$*

Übernachtung in herrlicher Umgebung mit Wasserfällen und Vulkanblick in der 🌿 ☀ *Hacienda Guachipelin (54 Zi. | 5 km nördl. von Liberia, dann 17 km östl., am Eingang zum Nationalpark | Tel. 26 90 29 00 | www.guachipelin.com | €€)*: Viehranch, Pferdezucht und Öko-Lodge in einem, ideal für unternehmungslustige Gäste, da eine Vielzahl von sportlichen Aktivitäten angeboten wird. **INSIDER TIPP** Sechs Pools mit heilsamem Vulkanschlamm (5 km vom Hotel) fördern die Gesundheit.

STRÄNDE (122 A–B3) (*A–B 2–3*)

Die Qual der Wahl haben Strandläufer und Sonnenanbeter: Zahlreiche erschlossene Strände erstrecken sich etwa 20 km westlich von Liberia. Zunächst erreichen Sie die Halbinsel Papagayo. Hier verstecken sich in der 25 km langen Steilküste rund 30 kleine Strände und Strandbuchten. Mit der Eröffnung des *Four Seasons Resort Papagayo (155 Zi. | Tel. 26 96 00 00 | www.fourseasons.com/costarica | €€€)* wurde die Region bekannt für anspruchsvollen Luxusurlaub. Beeindruckend, mit welcher Grazie

55

MONTEVERDE

Unterkunft für Pferde-Fans: Hacienda Guachipelin, Mix aus Ranch und Öko-Lodge

und Perfektion hier geplant wurde – von der 7 km langen Auffahrt durch Tropengärten bis hin zu den mit Bambus und Rattan behaglich gestalteten Zimmern und Suiten.

Die *Apartamentos Casa Lora (Tel. 26 70 06 42 | www.casalora.com | €€)* der deutschen Besitzer Sabine und Peter hingegen bieten Viersternekomfort zu günstigen Preisen. Zwischen Palmen und Bananenstauden liegen die beiden Apartments (35 m²) sowie drei Ferienhäuser (70 m² auf zwei Stockwerken) mit Küchenzeile und Terrasse. Zwischen Pool und Pavillon treffen sich die Gäste bei Sonnenuntergang auf ein Bier. Das Zentrum des alten Fischerdorfs mit mehreren Restaurants und Geschäften liegt 1,5 km entfernt am Strand.

7 km weiter, nördlich der Halbinsel Papagayo, wird die *Playa Hermosa* mit glitzerndem, blauem Wasser, das in sanften Wellen die Bucht umspielt, ihrem Namen „schöner Strand" komplett gerecht.

MONTE-VERDE

(123 E4) *(๓ E4)* **Monteverde bezeichnet ein ausgedehntes Gebiet von Nebelwäldern in 1300–1800 m Höhe, in dem mehrere staatliche, kommunale und private Naturschutzreservate eingerichtet wurden. Vom Hauptort Santa Elena (6000 Ew.) erreichen Sie diese auf einer organisierten Tour bzw. mit dem Mietwagen oder per Bus.**

In den 1950er-Jahren lassen sich in dem Gebiet ein Dutzend nordamerikanische Quäkerfamilien nieder, gründen die Siedlung Monteverde und betreiben Landwirtschaft. Für den 300 ha großen Nebelwald Reserva Bosque Nuboso Santa Elena *(www.reservasantaelena.org)* kommt die Kommune auf, er verfügt über zahlreiche *trails*, z. T. auch gepflasterte Wanderwege. Das private Monte-

DER NORDWESTEN

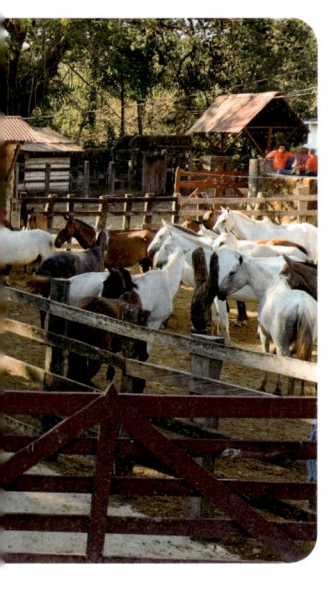

Durchschnittstemperaturen um 18 Grad und häufige Regenfälle machen Regenjacke und Wanderschuhe ratsam.

SEHENSWERTES

BOSQUE ETERNO DE LOS NIÑOS (BEN) (CHILDREN'S ETERNAL RAIN FOREST) 🔵

Ein Kinderregenwald! Das gibt es nur in Costa Rica: Kinder aus 44 Nationen beteiligten sich an einer Spendenaktion, sodass das größte private Schutzgebiet des Landes – sagenhafte 22 500 ha – gegründet werden konnte. Der Traum wurde Wirklichkeit, heute sammeln selbst deutsche Schulen für den Bosque Eterno. Gesucht werden auch immer junge Volunteers (ab 18 Jahren), die mithelfen, Touristengruppen leiten oder im Regenwald arbeiten *(www.kinderregenwald. de/mitmachen)*. Zum Hiken ausgewiesen ist u. a. der Sendero Bajo de Tigre (3,5 km), unterwegs gibt's kaum Raubkatzen, wohl aber Affen, Tukane und Nasenbären zu sehen, mitunter auch ein Faultier. *Tgl. 8–17 Uhr | 20 US-$ | Estación Biológica San Gerardo, 7 km nordöstl. von Santa Elena | www.acmcr.org*

verde Cloud Forest Biological Reserve, unterhalten von der internationalen Forschungsgruppe *Centro Científico Tropical (www.cct.or.cr)*, liegt 6 km östlich von Santa Elena (Busverbindung). Das ursprünglich nur 3 km² große Schutzgebiet wuchs im Laufe der Zeit auf 50 km². Den sogenannten Kinderregenwald (Bosque Eterno de los Niños) pflegt eine erfolgreich agierende (private) Naturschutzorganisation; er besitzt ebenfalls zahlreiche Wanderpfade *(sendero, trail)*. Santa Elena ist nur mit Allradantrieb erreichbar.

EL TRAPICHE

Die altmodische Zuckermühle mit Patiorestaurant produziert noch heute Zuckerrohrsaft. Bei einer zweistündigen Farm-Tour bekommt man vieles zu se-

RODEO COSTA-RICANISCH

Auf den vielen Ranches der Region um Liberia werden Pferde zugeritten und finden zur Belustigung Rodeos statt, bei denen Männer auf wilden Bullen reiten. Höhepunkt ist der 25. Juli: An diesem *Día de Guanacaste* können Sie viele Viehshows und Rodeos erleben. In der ersten Septemberwoche finden anlässlich der *Semana Cultural* ebenfalls viele Rodeos statt.

MONTEVERDE

Tree-Top-Trail mit himmelstürmendem Namen: Skywalk beim Santa-Elena-Reservat

hen und spannend erklärt; auch Kaffeepflanzen bauen Juan Hidalgo und seine Familie hier an, rösten die Bohnen und produzieren tollen Gourmetkaffee. *Muy simpático!* **INSIDER TIPP** Im Ochsenkarren geht's dann zur letzten Station: Aus Kakaobohnen entsteht feine Schokolade. *Touren tgl. 10 u. 15, So nur 15 Uhr | 32 US-$ | 2 km nordwestl. von Santa Elena | www.eltrapichetour.com*

JARDÍN DE MARIPOSAS (SCHMETTERLINGSGARTEN)

Angst vor Spinnen? Bei diesen Exemplaren in türkis und grün kann man die Phobie leicht loswerden. Und natürlich gibt es auch Schmetterlinge zu sehen: Der aus den USA stammende Gründer ist ein Systematiker, sodass es gleich vier, nach Lebensräumen streng gegliederte Gehege gibt. Toll ist es, im *rearing chamber* – sozusagen der Babystube – mit etwas Glück einen frisch geschlüpften Schmetterling zu beobachten. *Tgl. 8.30–16 Uhr | 15 US-$ mit Führung | an einem Abzweig (rechts) von der Straße Santa Elena–Monteverde | www.monteverdebutterflygarden.com*

RESERVA BOSQUE NUBOSO SANTA ELENA (SANTA ELENA CLOUD FOREST RESERVE) ★

Schüler des Orts und kanadische Helfer schufen das kleine und nicht so überlaufene Schutzgebiet mit Kursen für Biologiestudenten und mehreren Kilometern an Lehrpfaden. Auch hier verwandeln Regen und stetiger Dunst der Wolken die Wälder in eine bizarre Märchenwelt. **INSIDER TIPP** Sogar der mythische Quetzal, zu erkennen an seinen meterlangen Schwanzfedern, kann hier mit Glück gesichtet werden. *Tgl. 7–16 Uhr | 14 US-$ | 7 km nordöstl. von Santa Elena | www.reservasantaelena.org*

SELVATURA ADVENTURE PARK

In dem 500 ha großen privaten Nebelwald führen Hängebrücken durch die Baumkronen *(Tree Top Walkways)*, gibt es *Butterfly* (Schmetterling) und *Hummingbird* (Kolibri) *Garden* sowie ein Insektenmuseum. Thrill für viele ist die *Canopy Tour*, die über 15 Zip Lines etwa 3 km in den Nebelwald (rund 2,5 Stunden) führt. *Canopy-Touren 50 US-$ | 7 km nordöstlich*

DER NORDWESTEN

von Santa Elena neben San Gerardo Forest Reserve | www.selvatura.com

SKYWALK ★
Wow! Sechs Hängebrücken verbinden sich zu einem 500 m langen Pfad durch die 40 m hohen Baumkronen des Nebelwalds! Ein auch für Kinder gefahrloses Abenteuer. *Auch geführte Touren tgl. 7.30, 9.30, 11.30, 13.30 Uhr | 39 US-$ | 3,5 km Richtung Santa-Elena-Reservat | www.skyadventures.travel*

ESSEN & TRINKEN

BESO ESPRESSO
Hier können Sie durchatmen und genießen! Wegen der neun Kaffeesorten, die meisten frisch geröstet, auf Wunsch mit der Profi-Espressomaschine oder im Filter zubereitet. Aber auch wegen der angenehmen Atmosphäre. Und Kuchen, Brownies und Muffins schmecken köstlich. *Tgl. | Ctra. 606 | Santa Elena | neben Taxistand | Tel. 26 45 68 74*

SABOR TICO
Das *casado* – Reis, Bohnen, gebratene Bananen und warme Tortillas – schmeckt gut, ebenso die anderen bodenständigen Gerichte, die zum günstigen Preis aufgetischt werden. Von der Terrasse hat man einen guten Blick auf die Stadt. *Tgl. | Ctra. 620 | Santa Elena | gegenüber dem Fußballplatz | Tel. 26 45 58 27 | www.restaurantessabortico.com | €€*

INSIDER TIPP TAQUERÍA TACO TACO
Worin das Geheimnis der köstlich schmeckenden Tacos liegt, finden Sie vielleicht selbst heraus, also: am besten mal kosten! Sitzplätze gibt es nicht, wer sitzen will, muss sich auf der Hostelterrasse nebenan einen Platz suchen. *Tgl. ab 12 Uhr | Ctra. 606 | Santa Elena | neben Pensión Santa Elena | Tel. 26 45 79 00 | €*

EINKAUFEN

CASEM
Der Souvenirladen der Frauenkooperative vertreibt handgearbeitetes Holzspielzeug, Wandteppiche, Öko-T-Shirts und hervorragenden Monteverdekaffee. *Tgl. 8–17 Uhr | an der Straße zwischen Santa Elena und Parkeingang gegenüber Stella's Bakery | www.casemcoop.blogspot.de*

LA LECHERÍA
Die renommierte Käsefabrik der Quäker *(fábrica de queso)* ist der Öffentlichkeit zugänglich. Nicht nur Selbstversorger schätzen die 17 Käsesorten und Milchprodukte. **INSIDER TIPP Unbedingt ein cremiges Schokoladeneis mit kandierten Früchten probieren!** *Mo–Sa 7.30–16 Uhr | Touren 9 u. 14 Uhr 12 US-$ | an der Straße Santa Elena–Monteverde, 300 m südöstl. Casem | www.monteverdecheesefactory.com*

LEGUANE

Während der Leguan *(iguana)* in El Salvador und Mexiko als kulinarischer Leckerbissen gilt, hält man sich in Costa Rica mit dessen Verzehr eher zurück. Das fast wie ein kleiner Drache aussehende Reptil kann bis zu 2 m lang werden, ist aber friedlich und vollkommen ungefährlich; wenn Sie sich ihm nähern, läuft es weg. Sie begegnen Leguanen nicht nur in den Nationalparks, sondern fast überall, auch auf dem Hotelgelände. Am liebsten sonnen sie sich stundenlang bewegungslos auf Bäumen. Die Bevölkerung schätzt den Leguan, weil er Ratten und Mäuse fernhält.

PENÍNSULA DE NICOYA (HALBINSEL NICOYA)

FREIZEIT & SPORT

Mehrere Reitställe vermieten Pferde für die Erkundung der Umgebung. **INSIDER TIPP** *Sabine's Smiling Horses (2 km südl. von Santa Elena an der Straße nach San José | Tel. 83 85 24 24 | www.smilinghorses.com)* bietet Ausritte für 45 US-$ (2,5 Std.) durch den Regenwald.

ÜBERNACHTEN

Einfache Unterkünfte finden Sie in Santa Elena, Mittelklassehotels an der Straße von Santa Elena nach Monteverde.

ARCO IRIS LODGE

Die holzverkleideten Casitas, auch mit Vierbettzimmer, passen sich bestens dem Dschungel an, und nach Sonnenuntergang kann man die Glühwürmchen auf der eigenen Terrasse beobachten. Der Honeymoon-Bungalow hat ein Himmelbett und anderen Schnickschnack. *20 Zi. | Santa Elena | Tel. 26 45 50 67 | www.arcoirislodge.de | €€*

EL BOSQUE

Einfache, saubere Zimmer mit Bad, um weites Grün arrangiert. Wanderwege, Camping möglich, gutes Restaurant. *29 Zi. | an der Straße Santa Elena–Monteverde, 2,5 km vor dem Park und 100 m westl. von Casem | Tel. 26 45 51 58 | www.hotelelbosquecr.com | €*

HELICONIA

Stylish im Holzlook, auf einem Hügel, mit Spa und italienischem Restaurant. *55 Zi. | Cerro Plano, zw. Santa Elena und Monteverde | Tel. 26 45 66 16 | www.hotelheliconia.com | €€*

INSIDER TIPP LAS ORQUIDEAS

Kleines Wohlfühlhotel, gepflegte Zimmer im Chaletstil mit Frühstück inklusive, Gemeinschaftsküche für die Gäste ebenso wie großer Balkon zum Nebelwald hin. Die costa-ricanischen Besitzer geben wertvolle Tipps für Ausflüge in der Gegend. *8 Zi. | 300 m südl. Santa Elena | Tel. 26 45 55 09 | www.orquideasmonteverde.com | €–€€*

AUSKUNFT

ASOCIACIÓN CONSERVACIONISTA MONTEVERDE

Cerro Plano (gegenüber Jardín de Mariposas) | Tel. 26 45 50 03 | www.monteverdeinfo.com | www.acmcr.org

PENÍNSULA DE NICOYA (HALBINSEL NICOYA)

Die dunklere Hautfarbe der Bewohner erinnert an die Vorfahren der Viehzüchter, die die Halbinsel einst besiedelten: Indianer vom Stamm der Chorotega.

Sie gaben der Halbinsel auch ihren Namen, „von Wasser auf beiden Seiten umgebenes Land", denn sie erstreckt sich ca. 100 km weit ins Meer. Zahlreiche attraktive, verträumte, einsame und belebte Strände umgeben die gesamte Halbinsel. Touristen wie Einheimische schätzen die Strände und Buchten an der Pazifikseite.

Wer hier unterwegs ist, sollte Zeit mitbringen, denn viele Straßen sind nicht asphaltiert und befinden sich in abenteuerlichem Zustand. Jedoch: Der Strand, zu dem der Bus nur einmal täglich verkehrt, ist oft der schönere. An den Stränden finden Sie Unterkünfte aller Kategorien, vom schwül-heißen Pensionszimmer im

DER NORDWESTEN

Ortszentrum bis zum klimaregulierten Bungalow mit Meerblick.

AUSKUNFT

ICT TOURIST OFFICE
Ctra. a Sámara, südl. Stadtausgang von Nicoya, gegenüber der Universität | Tel. 26 85 32 60

ZIELE AUF NICOYA

GUAITIL UND SANTA CRUZ
(122 B5) (*B4*)

Der kleine Ort *Guaitil* (10 km östlich von Santa Cruz, das man auf der Straße 21 nördlich von Nicoya erreicht) ist bekannt als Zentrum der Keramikproduktion. Viele Hotels schmücken ihre Foyers mit den dickbauchigen Vasen im präkolumbischen Stil. In lehmgemauerten Öfen werden die mit geometrischen Mustern versehenen Vasen, Krüge und Töpfe von indianischen Familien gebrannt.

Auf dem Rückweg lohnt ein Besuch der Kleinstadt *Santa Cruz* (15 000 Ew.), die sich selbst als „Folklorehauptstadt" des Landes bezeichnet. Die das ganze Jahr über gepflegte Musiktradition erreicht ihren Höhepunkt Mitte Januar, wenn alte Tänze aufgeführt werden und Kostümierte durch die Straßen ziehen. Lokale Spezialitäten servieren die *sodas* um den Stadtpark. Unterkunft finden Sie im *La Calle de Alcalá* (28 Zi. | C/ de Alcalá/Av. 7 | Tel. 26 80 00 00 | www.hotellacalledealcala.com | €), einem Mittelklassehaus in grüner Umgebung mit Komfortzimmern, Klimaanlage, Restaurant, Bar und Pool.

MONTEZUMA (126 B3) (*D6*)

Mit dem Sonnengruß in den Tag starten und den Abend unter einem grandiosen Sternenhimmel mit einem Cocktail in der Beachbar genießen – leben und leben lassen heißt es im Fischerdorf Montezuma (1000 Ew.) im äußersten Süden, wo sich viele Aussteiger und Alt-Hippies zu den *ticos* gesellen. Der schöne, naturbelassene Sandstrand ist umgeben von Klippen, der Dschungel reicht fast bis ans Wasser, die Cafés, kleinen Restaurants und Hotels, mitunter etwas improvisiert,

Strände so weit das Auge reicht: Halbinsel Nicoya

PENÍNSULA DE NICOYA (HALBINSEL NICOYA)

Stalaktiten in der 62 m tiefen Terciopelo Höhle im Barra Honda Nationalpark

sind Szenetreffs. Sogar einen 🌱 *Farmer's Market (Sa 9–13 Uhr | Parque Principal)* mit organisch angebautem Obst und Gemüse sowie Vollwertkuchen gibt es.

NICOYA (122 C5) (*C4*)

Die Kleinstadt (28 000 Ew.) in der Mitte der Halbinsel ist das kulturelle Zentrum und ein geeigneter Zwischenstopp auf dem Weg zur Küste. Auf den Grundmauern einer alten Chorotega-Siedlung von den Spaniern 1544 gegründet besitzt sie die zweitälteste Kirche des Landes. Die *Iglesia de San Blas* (nach dem alten Stadtnamen) wurde 1634 an der Stelle errichtet, an der die unterworfenen *indígenas* ihre Kultstätte hatten. Das Gotteshaus, weiß mit roten Ziegeln und imposantem Glockenturm, liegt gegenüber dem von Mangobäumen beschatteten *Parque Central*. Wer über Nacht bleibt, wohnt im *Hotel Curime (20 Zi. | Ctra. 150 | Curime | 2 km südl. der Stadt an der Straße nach Sámara | Tel. 26 85 52 38 | €)* gegenüber der Bushaltestelle nach Liberia (große Zimmer mit Bad).

PARQUE NACIONAL BARRA HONDA (122 C5) (*C4*)

Erlebnis für Höhlengänger und Fans von Batman: Der 20 km nordöstlich von Nicoya liegende, 23 km^2 große Park birgt weit verzweigte Karsthöhlen, 19 erforschte, von Fledermauskolonien bewohnte Tropfsteinhöhlen und viele weitere, noch unerforschte. Durch die Höhlen fließen Bäche, die sich teilweise in Wasserfällen von einer Höhle zur nächsten ergießen. Gegenwärtig können allerdings nur zwei Höhlen besichtigt werden.

Für den Besuch einer Höhle sind entsprechende Ausrüstung, Erfahrung und Begleitung notwendig; die Parkverwaltung bietet Führungen an, eine Voranmeldung ist erforderlich. Lohnend ist ebenfalls eine Wanderung auf dem ausgeschilderten *Sendero Ceiba* und zu einem ☀ *Aussichtspunkt* mit Blick über den Tropenwald und die Nicoya-Halbinsel. *Park tgl. 8–16 Uhr | 12 US-$, Besichtigung der Höhle Terciopelo 30 US-$ (Parkeintritt eingeschlossen) | Tel. 26 59 15 51 | www.nicoyapeninsula.com/barrahonda*

DER NORDWESTEN

PARQUE NACIONAL PALO VERDE (122–123 C–D4) (*C3–4*)
Treffpunkt für Ornithologen: 60 km² Marschland (30 km südwestlich von Las Cañas) bieten Schutz für viele Wasservogelarten *(Laguna Foohas)* und Zugvögel. Der Fluss ist auch Lebensraum für Krokodile. *Tgl. 8–16 Uhr | 10 US-$*
Die INSIDER TIPP *Station Palo Verde (DZ 180 US-$ all inclusive | www.ots.ac.cr)* der OTS (Organisation für tropische Studien) bietet Unterkunft in rustikalen Hütten mit Bad und Ventilator, vegetarischen Mahlzeiten und einer geführten Naturpark-Wanderung – ideal für Tierfreunde.

SÁMARA (122 B6) (*B5*)
40 km südlich von Nicoya liegt im Westen der Halbinsel die palmenbestandene *Playa Sámara*, auch per Inlandflug (Flugplatz 4 km östlich) zu erreichen. Die sanft geschwungene Bucht, vom Felsen Punto Indio begrenzt, hat einen der sichersten und ruhigsten Strände Costa Ricas; es herrscht viel Betrieb, besonders am Wochenende, denn wohlhabende *ticos* unterhalten in Sámara ihre Sommerhäuser. An der Playa Buena Vista, 6 km westlich von Sámara, liegt in einem großen Garten, 250 m vom Strand, das Hotel *Flying Crocodile (10 Zi. | Tel. 26 56 80 48 | www.flying-crocodile.com | €–€€)*. Die deutschen Besitzer bieten Rundflüge mit dem Ultraleichtfluggerät *(20 Min. ab 110 US-$)*.
Nordwestlich liegt *Nosara* an einem oft menschenleeren Strand, der bisweilen von Affen heimgesucht wird. Das Ortszentrum finden Sie 3,5 km vom Strand entfernt. Ziel für spirituell Interessierte ist INSIDER TIPP *Pacha Mama (Tel. 87 85 89 49 | www.pachamama.com)* 10 km nördlich von Nosara zwischen Ostional und Juanillo, ein nichtkommerzielles Zentrum von 100 Langzeitresidenten mit Platz für 200 Besucher mit Interesse an Yoga und Meditation. Übernachtung im Zelt, in *casitas* oder Bungalows.

TAMARINDO (122 A4) (*A4*)
Egal, ob zum Surfen, Partymachen oder Entspannen am Strand – in Playa Tamarindo (3500 Ew.) ist alles und noch mehr drin. Als Hotspot der gesamten Region gibt es hier auch eine Auswahl der besten Restaurants, ausgefallene Boutiquen und Spanischschulen. Täglich landen die Propellermaschinen aus San José auf dem kleinen Airport, doch gibt es auch genügend Möglichkeiten, paradiesische Ruhe zu finden. Beispielsweise gleich nördlich an der Playa Grande. Zwischen Palmen am Meer liegt in einem Garten das Hotel *Tamarindo Diria (240 Zi. | Tel. 26 53 00 32 | www.tamarindodiria.com | €€–€€€)* mit vorzüglichem Restaurant. Einen Traumblick über das Meer und zum Sonnenuntergang haben Sie von den ☼ oberen Zimmern.
Eine Flussüberfahrt nördlich von Tamarindo liegt an der Playa Grande das kleine, familiäre *Hotel Cantarana (5 Zi. | Tel. 26 53 04 86 | www.hotel-cantarana.com | €€)* mit Pool und Restaurant. Von November bis März kommen Schildkröten zur Eiablage an den Strand.

LOW BUDG€T

Playa Tamarindo ist *der* Ort für einen günstigen Strandaufenthalt. Es gibt Campingplätze, preiswerte B&B-Pensionen, coole Beach-Bars und auch einfache Restaurants.

Die tollen, günstigen Keramiken, auch mit präkolumbischen Motiven, werden von Frauen in *Guaitil* in altmodischen Brennöfen hergestellt.

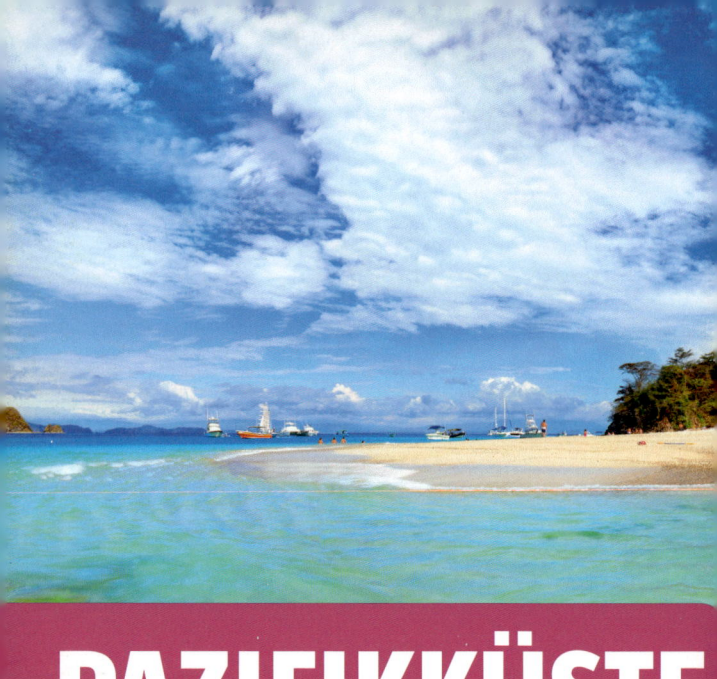

PAZIFIKKÜSTE

An den dunkelsandigen Stränden der Pazifikküste wird vermessen, geplant und gebaut, denn die Nähe zum zentralen Hochtal – weniger als zwei Stunden Fahrt und stündliche Busverbindung – macht die Küste auch für die Hauptstädter attraktiv.

Vom Boom erfasst sind von jeher die Stadt Puntarenas und zunehmend Strände wie Manuel Antonio und Playa de Jacó, und am Wochenende ist überall viel los. Die Pazifikküste bietet wesentlich mehr touristische Infrastruktur als die Karibikseite. Einsam und noch weitgehend unberührt ist dagegen die Pazifkküste in Costa Ricas Süden, einst durch Bananenanbau zu Wohlstand gelangt. Nach dem Niedergang dieser Monokultur setzt die arme Region heute auf Naturtourismus.

GOLFITO

(131 E3) (*L10*) Herrlich ist bereits die etwa sechsstündige Anreise von San José nach Golfito, quer durch Costa Ricas unterschiedliche Landschaftstypen. Zunächst geht es in Serpentinen auf den höchsten Pass des Landes, den 3491 m hohen, meist nebelverhangenen Cerro de la Muerte, dann durch enge Kurven in das Valle del General. Kilometerweit erstrecken sich grüne Ananasfelder über die rote Erde. Im Nationalpark La Amistad folgt die Straße Flussläufen und passiert Wasserfälle.

Ab Palmar Norte wird es schwül, die Vegetation tropisch: Orchideen, Bananen, Palmen tauchen auf. Bald wird der Blick

Bild: Isla Tortuga

An den dunklen Stränden der Pazifikküste boomt der Tourismus: Zwischen Puntarenas und Golfito genießen Sie Natur und Meer

frei für Golfito, heute die kleinste Hafenstadt des Landes, die sich 6 km an einer Lagune des Golfo Dulce erstreckt. Vor einem halben Jahrhundert avancierte der Hafen zur Nummer eins beim Bananentransport, 20 000 Menschen ließen sich in der Umgebung nieder, in der Altstadt eröffneten Bars und Bordelle. Heute geht es ruhiger zu. Eine neu errichtete Freihandelszone *(depósito,* zollfreies Einkaufen*)* und der Ausbau des Tourismus sollen Besuchern bringen und Arbeitsplätze erschließen.

Pueblo Cívico ist der älteste Teil von Golfito und liegt im Süden der Stadt. Hier finden Sie Hotels, Restaurants und Bars sowie einen kleinen Anleger *(muellecito)* für Boote und Wassertaxis für Fahrten zu den Stränden. Dieses Viertel ist noch nicht restauriert, alte Holzhäuser stehen auf Stelzen teilweise über dem Wasser. Am Nordrand von Pueblo Cívico, etwa beim Centro Turístico Samoa Sur, beginnt das heutige Stadtzentrum, und weiter nördlich liegt die wohlhabende *Zona Americana.*

GOLFITO

SEHENSWERTES

REFUGIO NACIONAL DE VIDA SILVESTRE GOLFITO
In dem an die Stadt anschließenden und frei zugänglichen, 13 km² großen Tierschutzreservat mit tropischem Regenwald ist Camping erlaubt. Die beste Besuchszeit ist von Januar bis März, denn dann ist es einigermaßen trocken. Im Park stoßen Sie auf viele Orchideen- und Vogelarten.

ESSEN & TRINKEN

MAR Y LUNA
Mit einem Bier auf der Terrasse den Sonnenuntergang, den kleinen Hafen und das offene Meer genießen; und wie wäre es anschließend mit einem Tomatensalat und Guacamole? Oder lieber *ceviche* und eine *mariscada* (mit Fisch und Schaltieren: köstlich!). Trubelig wird es bei der Happy Hour und der regelmäßigen Livemusik. *Tgl. | Ctra. 14/km 3 | Tel. 27 75 01 92 | €€*

SAMOA DEL SUR
Ein großer Open-Air-Pavillon bietet heimische und internationale Küche mit Meerblick. *Im Samoa-del-Sur-Resort | Tel. 27 75 02 33 | www.samoadelsur.com | €€*

Nicht nur zum Sonnenuntergang ein Genuss: Ceviche

EINKAUFEN

DEPÓSITO LIBRE COMERCIAL
Für den Besuch der Duty-free-Handelszone müssen Sie das (kostenlose) Ticket *TAC (tarjeta de autorización de compra)* bereits am Vortag unter Vorlage des Passes besorgen. Jeder Besucher darf (zweimal jährlich) maximal 1000 US-$ ausgeben. Rund 50 Shops verkaufen Kleidung, Spirituosen, Elektronik, Kosmetik, Autozubehör und vieles mehr. *TAC: Mo 13–20, Di–Sa 8–20 Uhr, Einkaufen Di–Sa 8–16.30, So 7–15 Uhr | nördliches Ende der Stadt beim Flugplatz | www.depositodegolfito.com*

PAZIFIKKÜSTE

STRÄNDE

PLAYA CACAO
Der dunkle Kies- und Sandstrand ist umgeben von dichtem Regenwald – Robinson-Feeling pur –, und auch der Transport stimmt: Per Wassertaxi (um 4 US-$) vom Anleger in Golfito (Muellecito) gelangt man hinüber.

ZANCUDO
Einsame Strände säumen die Halbinsel Zancudo. 15 km südlich von Golfito liegt die schwarzsandige *Playa Zancudo*. Bepackt mit Kühltaschen steigen die Leute im Haupthafen Muellecito morgens ins Wassertaxi (um 6 US-$), ein tolles, 30-minütiges Erlebnis: Die Fahrt führt durch das von Mangroven bewachsene Ästuar von Esperanza. Es gibt preiswerte Unterkünfte und Restaurants, etwa *Cabinas Sol y Mar (Tel. 27760014 | www.zancudo.com | €)* mit günstigen Hütten am Meer, quasi am Ende der Welt. Im südlichen Bereich ist der 6 km lange flache *Zancudo Beach* ein ideales Surfrevier.

AM ABEND

INSIDER TIPP BAR LA BOMBA
Bombe! Seit 1946 Treff für Abenteurer, einsame Reisende, Individualisten und Gringos. An den Wänden der restaurierten Bar erzählen alte Fotos die Geschichte Golfitos. *Tgl. 11–24 Uhr | Ctra. 14/Pueblo Civil | neben der Tankstelle | Tel. 27752149 | www.bomba-golfito.com*

ÜBERNACHTEN

BUENA VISTA CABINAS
In seiner Lodge empfängt Peter, der deutsche Besitzer, die Gäste. Schön: die an einen 22 ha großen Regenwald angrenzende Lage und der Blick auf den Golfo Dulce. Mit kleinem Pool! *4 Zi. | Ctra. Golfito–Purruja, km 6 | Tel. 27752065 | petergolfito@hotmail.com | €*

EL GRAN CEIBO
Am Südende von Golfito am Meer gelegenes Hotel (vier Gebäude) mit zwei Pools, subtropischem Garten und Frühstück im Freien mit Meerblick. Es gibt Zimmer mit und ohne Klimaanlage und Lärm. *27 Zi. | Av. Principal | Tel. 27750403 | €*

LA PURRUJA LODGE
Auf einer Anhöhe gelegene Hütten unter Schweizer Leitung. Ausflüge auf die Halbinsel Osa, Fluss-, Dschungel-, Höhlen-, Krokodil- und Reittouren. Ein komfortabler Campingplatz ist auch vorhanden. *5 Zi. | 5 km südl. von Golfito | Tel. 27755054 | www.purruja.com | €*

SIERRA
Mittelklassehaus in grüner Umgebung nördlich der Stadt mit großen Zimmern, zwei Pools, dem Spezialitätenrestaurant *Aramacao* sowie großem Tourenange-

---

MARCO POLO HIGHLIGHTS

★ **Parque Nacional Corcovado**
Der „Amazonas von Costa Rica"
→ S. 68

★ **Bahía Drake**
Saubere Strände im Naturparadies → S. 68

★ **Parque Nacional Manuel Antonio**
Baden in den wohl schönsten Buchten des Landes → S. 75

★ **La Mariposa**
Hotelfrühstück über dem Nationalpark Manuel Antonio
→ S. 77

67

GOLFITO

bot. Geschmackssache: das hoteleigene Kasino und die Karaokebar. *72 Zi. | Ctra. Principal Norte zwischen depósito und Flughafen | Zona Americana | Tel. 22 75 06 66 | www.hotelsierra.com | €€*

AUSKUNFT

ICT TOURIST OFFICE
Inter-American Highway | Río Claro (19 km nördl. von Golfito), 100 m östlich der Tankstelle | Tel. 27 89 77 39 |

ZIELE IN DER UMGEBUNG

PARQUE INTERNACIONAL LA AMISTAD
(128–129 C–E 4–5) (*m* K–M 6–8)
Costa Ricas größtes Naturschutzgebiet (1900 km² auf costa-ricanischem Gebiet), das sich über die Grenze hinweg nach Panama ausdehnt, ist auch das am wenigsten besuchte. Wildnis, weitgehend ohne Straßen und Wege, durch die Sie sich mit einem einheimischen Führer den Weg bahnen. Der Artenreichtum – Laub- und Nadelwälder, tropischer Regenwald und Moore, mit niedrigen Sträuchern und Gräsern bewachsenes Ödland – übertrifft alle anderen Nationalparks. Allein 400 Vogelarten sind hier beheimatet sowie über 250 Amphibien und Reptilien, dazu Tapir, Jaguar, Puma, Ozelot, Berglöwe und mehrere Affenarten. Der Zugang auf eigene Faust ist außerordentlich schwer, Stichstraßen von der CA 2, der südlichen Interamericana, enden am Rand des Naturschutzgebiets. Expeditionen werden von einigen Reisebüros angeboten.

PENÍNSULA DE OSA (OSA-HALBINSEL)
(130–131 C–D4) (*m* J–K10)
Anfang der Sechzigerjahre begann auf der kaum besiedelten Halbinsel ein „Holzrausch", dem bis 1975 ein beträchtlicher Teil der Edelhölzer zum Opfer fiel – bis man den ★ *Parque Nacional Corcovado* einrichtete. Dieser erstreckt sich über 420 km² im Südwesten und enthält viele seltene Baumarten, 100 Reptilien-, 300 Vogel- und 150 Säugetierarten. Später folgten in den Flüssen des Parks Goldfunde, Abenteurer versuchten ihr Glück, ein regelrechter Goldrausch setzte ein, die Zerstörung des Naturschutzgebiets schritt zügig voran: Wald wurde gerodet, der Boden aufgebaggert, Flüsse wurden umgeleitet. Heute ist das Schürfen im Nationalpark, den man in Costa Rica „unseren Amazonas" nennt, verboten.

Die Halbinsel ist ein großes Gewächshaus, auf dem Landweg zu erreichen, von Golfito mit der Fähre *(nach Puerto Jiménez, 90 Min.)* oder per Charterflug. An der Nordwestseite liegt die ★ *Bahía Drake*, ein wenig erschlossenes Naturparadies mit sauberem Strand, an den die dichte Vegetation heranreicht. Einfache

RINDER ZU HAMBURGERN

Aus Rindfleisch werden sie gepresst, und davon liefert Costa Rica den USA pro Jahr 100 000 t für ihre Fastfoodketten. Mittlerweile gibt es in dem kleinen Land mehr Rinder als Einwohner, und die Weideflächen wurden ausgedehnt, der Wald dazu abgeholzt. Schließlich braucht jedes Rind mehrere Hektar Weidefläche, bevor es geschlachtet werden kann. Der Gewinn ist kurzfristig, der Schaden für das Land umso nachhaltiger.

PAZIFIKKÜSTE

Dichtes Grün bietet zahlreichen Tieren ein Zuhause: Nationalpark Corcovado

und komfortable Unterkünfte sind vorhanden, Angeln und Reitausflüge möglich. Bootsausflüge in den *Nationalpark Corcovado* und zum Bioreservat *Insel Caño* veranstalten alle Unterkünfte in der Bucht.

Einfach-rustikale Unterkunft bieten in *Agujitas* in der Bahía Drake 350 m vom Strand die *Cabinas Manolo (10 Zi. | Tel. 27 75 09 29 | www.cabinasmanolo.com | €)*; außerdem günstige Ausflüge und Touren. Anreise in die Drake Bay: Man nimmt in der Stadt Sierpe ein Boot, das den Río Sierpe hinunter in die Bucht fährt *(40 km | 80 Min. 20–30 US-$)*.

JACÓ

(127 D3) *(F6)* **Eine weit geschwungene Bucht mit dunklem Lavastrand, sattgrün glänzende Kokospalmen und eine starke Brandung, die Surfern gefällt: Der Pazifikort Jacó, über Jahrzehnte der Treff von jungen Backpackern, entwickelt sich zum Mittelklasse-Badeort der *ticos*.**

Neben vielen *cabañas* und kleinen Pensionen im mittleren Preissegment entstehen auch All-inclusive-Resorts und Luxushotels, Apartmentanlagen und Ferienhäuser. Gegenwärtig ist Jacó die am schnellsten wachsende Stadt des Landes, und nirgendwo in Costa Rica gibt es mehr Diskotheken und Clubs als in Jacó. Was die einen gern mögen, stößt die anderen eher ab: Der touristische Rummel in Jacó (11 000 Ew.), 65 km nordwestlich von Quepos, hat beträchtliche Ausmaße angenommen, und auch seine Schattenseiten (Drogen, Prostitution, Kleinkriminalität) sind mittlerweile schon aufgetaucht. Die relaxte Atmosphäre und ein (für Costa Rica) großes Angebot an Restaurants, Bars und Shops verführen eventuell dazu, dennoch ein paar Tage länger zu bleiben und Ausflüge in die Umgebung zu unternehmen.

JACÓ

SEHENSWERTES

PARQUE NACIONAL CARARA

Der im Norden vom Río Tárcoles begrenzte, nördlich von Jacó liegende, 4700 ha große Nationalpark bietet wegen seiner verschiedenen Vegetationszonen eine große Artenvielfalt. Hier lebt eine der größten Ara-Macao-Kolonien des Landes, der selten gewordenen hellroten Aras. Die über 80 cm langen Papageien kündigen sich durch durchdringende Rufe an und sind an rotem Kopf, Brust und Flügelspitze sowie ihren blauen und gelben Flügeln zu erkennen. Bei Sonnenaufgang und -untergang verlassen sie den Park, um zu den Mangroven an der Küste zu fliegen; mit einem lokalen Guide, beispielsweise von *Vic Tours (2 Std. ohne Parkeintritt 35 US-$ | Tel. 26 45 10 15 | www.victourscostarica.com)*, entdecken Sie die Vögel am ehesten. An der Westseite des Parks gibt es zwei Wanderpfade, einer davon verläuft 500 m südlich der Brücke über den Río Tárcoles, unter der meist Krokodile am Flussufer liegen. *Tgl. 8–16 Uhr | 10 US-$*

ESSEN & TRINKEN

ANFITEATRO ● ☼

Von den Tischen im Außenbereich ziehen sich Terrassen wie in einem griechischen Theater den Berg hinunter, dessen gewaltige Baumriesen bewohnt sind von Papageien, Tukanen und Affen. Die Aussicht auf den Pazifik und die Natur ist spektakulär, das Menü erlesen, von den Penne mit Frutti di Mare bis zum gegrillten Thunfisch oder dem Lammfleisch. Regelmäßig hüllen Konzerte die Tropenszenerie in klassische Musik und Jazz. *Hotel Villa Caletas | Herradura, 2 km westl. N34, 6 km nördl. von Jacó | Tel. 26 30 30 00 | www.hotelvillacaletas.com | €€€*

INSIDER TIPP GRAFFITI RESTRO CAFÉ & WINE BAR

Beim „Cheddar Burger" stimmen die Zutaten, und so wird Fast Food (fast) zum

Auch wenn das sehr nach Mittagsruhe aussieht – halten Sie Abstand!

PAZIFIKKÜSTE

Genuss. Auf der Tafel stehen täglich eine Handvoll Gerichte, die zufrieden machen, als Dessert muss es ein starker Kaffee des Hauses sein. An der Rückseite eines Einkaufszentrums. *Mo–Sa ab 17 Uhr | Pacific Center 23/Av. Pastor Díaz | Tel. 26 43 17 08 | €€*

LEMON ZEST

Das Restaurant im Obergeschoss eines Einkaufszentrums hat viele Fans, vor allem, weil die Gerichte aus Zutaten von lokalen Anbietern stammen und stets frisch zubereitet werden. *Tgl. ab 17 Uhr | El Jardín Plaza/Av. Pastor Díaz/C/ Hicaco | 1. Stock | Tel. 26 43 25 91 | www.lemonzestjaco.com | €€*

EINKAUFEN

THE COSTA RICA COFFEE EXPERIENCE

Ob „Organic Vanilla" oder „Cinnamon" (Zimt): frischer, köstlich schmeckender (es darf vor dem Kauf probiert werden) und günstiger Kaffee, dazu Kuchen und Schokoladen, ausgefallene T-Shirts, Keramik aus Nicaragua und originelles Kunsthandwerk aus ⓥ Regenwaldprojekten und Umweltinitiativen. *Av. Pastor Díaz | gegenüber Banco Nacional*

FREIZEIT & SPORT

AERIAL TRAM ☀

Nördlich von Jacó eröffnete ein weiterer *Rainforest Aerial Tramway* mit einer Gondelbahn durch den Urwald. Eine einstündige Fahrt – auch mit Meerblick – führt hinauf und über die Baumkronen, an einem 15 m hohen Wasserfall vorbei und mitten hinein in den Regenwald. Das 90 ha umfassende Gelände bietet außerdem eine Zip Line und ein Schlangengehege *(serpentarium)*. *Tgl. 7–16 Uhr | 65 US-$ | 3 km nördl. von Jacó | www.rainforestadventure.com*

STRÄNDE

Die 4 km lange *Playa de Jacó*, erstreckt sich zwischen Stadt und Meer, flankiert von zahlreichen Strandcafés und -restaurants. Die See ist rau, beim Schwimmen ist Vorsicht geboten. Je weiter man nach Süden geht, desto unbelebter wird es. An der Playa Herradura, 6 km nördlich, finden Sie ebenfalls dunklem Sand, hier ist es jedoch wesentlich ruhiger, und auch das Schwimmen ist sicherer.

ÜBERNACHTEN

Von allzu billigen Übernachtungsmöglichkeiten ist in Jacó abzuraten. Immer wieder beklagen Reisende Diebstähle und unsaubere, unsichere Zimmer. Trotz gestiegener Popularität sind die Preise nach wie vor moderat; bevorzugen Sie

LOW BUDG€T

The Tucan (150 m östl. der Pazifikstr. | Tel. 27 43 81 40 | www.tucanhotel.com) in Uvita bietet sehr günstige klimatisierte Mehrbett- und Doppelzimmer. Neben Bar und Restaurant gibt's eine Gemeinschaftsküche, kostenlose Internetnutzung sowie Verleih von Surfboards, Fahrrädern und Motorrädern.

● *Outdoor Movie Nights* gibt es im neuen Hafen für Sportboote von Quepos, der Marina Pez Vela. Von Januar bis März werden jeweils freitags gegen 19 Uhr Filmklassiker gezeigt. Dazu macht man es sich im kleinen Freilichttheater der Hafenanlage auf dem Boden oder auf Sitzkissen *(bean bags)* bequem. Eintritt frei!

PUNTARENAS

deshalb lieber ein Hotel im mittleren Preissegment.

LOS SUEÑOS MARRIOTT
Das auf einem parkartig angelegten Gelände zwischen Pazifik und Regenwald thronende Resort wurde im üppigen spanischen Kolonialstil erbaut und ist eines der wenigen großen Luxushotels, die es in Costa Rica gibt. Makellos gepflegte Poollandschaften, sechs edel gestaltete Restaurants, Zimmer und Suiten mit Blick auf die Bucht von Herradura, dazu Kasino, Golf- und Tennisplätze, diverse Fitness- und Wellnessangebote. Shuttle nach Jacó. *200 Zi. | Playa Herradura, 800 m westl. von Herradura | Tel. 26 30 90 00 | www.marriott.com | €€€*

Ganz entspannt am Strand: Playa de Jacó

MAR DE LUZ
Das familienfreundliche Ökohotel liegt 200 m vom Strand und wird solarbetrieben. Es gibt farbenfrohe, rustikal (teilweise mit Steinmauern) ausgestattete Zimmer, eine kleine Bibliothek im offenen Loungebereich, Pool und gepflegten Garten, und sogar einen Kinderspielplatz und ein Spielzimmer – und das alles zum günstigen Preis. Kein Wunder, dass man frühzeitig buchen sollte. *29 Zi. | Av. Pastor Díaz | neben Subway | Tel. 26 43 30 00 | www.mardeluz.com | €€*

VILLA CALETAS
Stil, Romantik und tropische Natur vereint mit atemraubenden Ausblicken auf die Nicoya-Halbinsel bietet das auf einem Berg thronende Resorthotel. Die Anlage im französischen Kolonialstil gehört nach wie vor zu den schönsten (und teuersten) des Landes. Bereits die Standard Rooms sind luxuriöse Hideaways, die Juniorsuiten sind größer und besitzen eigene Plunge Pools mit Blick auf die tief unten liegende Pazifikbucht. Transportservice zum Privatstrand an der Playa Herradura und zwei großartige Restaurants. *Herradura | 2 km westl. N34, 6 km nördl. von Jacó | Tel. 26 30 30 00 | www.hotelvillacaletas.com | €€€*

AUSKUNFT
Es gibt kein ICT Office; Auskünfte erhalten Sie am Informationsschalter der *Rainforest Aerial Tramway* (s. S. 71).

PUNTARENAS

(126 C2) (*E5*) Traditioneller Badeort für *ticos*, Hauptstadt (100 000 Ew.) der gleichnamigen großen Provinz, bis zum Ausbau von Puerto Caldera im Süden wichtigster Pazifikhafen des Landes.

PAZIFIKKÜSTE

Puntarenas, groß geworden durch den Kaffeehandel, erstreckt sich über eine 6 km lange Landzunge in den Golf von Nicoya und schließt die Lagune und Bucht El Estero im Süden ab. Das schwüle subtropische Klima begünstigt den Anbau von Reis, Bananen und Kokospalmen, für die Puntarenas noch heute Umschlagplatz ist.

An der Südseite der Stadt liegt ein langer Strandabschnitt, hier haben die Einheimischen ihre Wochenendhäuser, hier liegen die Boote. Dennoch: Mit dem Wohlstand ist es vorbei, denn der Hafen Caldera macht jetzt den Umsatz. Ganze Häuserblocks zeigen Anzeichen von Verfall, neue Arbeitsplätze erhofft man sich vom aufkeimenden Tourismus.

SEHENSWERTES

Spaziergänge auf der Halbinsel, die etwa 50 Calles lang und nur vier bis fünf Avenidas breit ist, verlegen Sie wegen der schwülen Hitze am besten in die Vormittagsstunden oder nach 16 Uhr. Ein Bummel auf der Uferpromenade *Paseo de los Turistas* (Südseite) führt an netten Restaurants, Cafés und Bars entlang; an der Nordseite der Stadt geht es vorbei am Hafenbecken mit Werften, Lagerhäusern und Fähranlegern – die Arbeitswelt einer Hafenstadt. In den Gassen der Innenstadt *(Calles 1–7)* und auf dem *Markt (Mercado Municipal) (Av. 3/C/ 2)* herrscht vormittags reges Leben.

MUSEO HISTÓRICO DE LA CIUDAD DE PUNTARENAS

Die Geschichte der Stadt, ihres Hafens und der Kaffeeausfuhr wird in kleinen Ausstellungen vorgeführt. Interessant die Schwarz-Weiß-Aufnahmen aus der Zeit der vorletzten Jahrhundertwende. *Mo–Sa 9–12, 13–17 Uhr | Eintritt frei | Av. Central/C/ 1 | Casa de la Cultura*

INSIDERTIPP PARQUE MARINO DEL PACÍFICO

Eine Touristenattraktion sind die Krokodilaufzuchtbecken, die Schildkröten und tropischen Fische im aufwendig gestalteten staatlichen Park, der sich dem Schutz des Meers verpflichtet fühlt. *Di–So 9–16.30 Uhr | 10 US-$ | Av. 4 | alter Bahnhof, 500 m östl. der Mole für Kreuzfahrtschiffe | www.parquemarino.org*

PLAZA CENTRAL

Die Rolle des Parque Central übernimmt hier eine kleine Plaza, an der eine 100 Jahre alte, wuchtige Kirche aus Sandstein steht. An der Nordostecke des Platzes beginnt eine Fußgängerzone *(C/ 5–7)*.

ESSEN & TRINKEN

CAPITÁN MORENO

Saftige Steaks, üppige Meeresfrüchteteller und große Auswahl an Craft-Bieren. Und Partys: DJs legen auf, Bands spielen, es wird getanzt und es geht hoch her. *Paseo de los Turistas/C/ 13–15 | Tel. 26 61 08 10 | €€*

LA CASA DE LOS MARISCOS

Das besonders bei Ticos beliebte Restaurant bietet Fischgerichte mit Meerblick, exotische Mixgetränke und hausgemachte Desserts. *C/ 5/Av. 4 | Tel. 26 61 16 66 | €€*

EINKAUFEN

Zuckersüße Mangos, Mini-Bananen im Dutzend und *pan dulce* (süßes Brot) gibt's auf dem *Mercado Municipal (Av. 3/C/2)* besonders günstig.

FREIZEIT & SPORT

Todo incluido heißt es beim ganztägigen *Tortuga Island Cruise*. Mit dem Ka-

QUEPOS

tamaran geht's zum unbewohnten Tortuga Island: Schnorcheln im glasklaren Wasser, weiße Strände, Natur und Buffets im Sandstrand. Veranstalter ist Calypso Tours (ab 145 US-$ | Tel. 22 56 27 27 | www.calypsocruises.com).

STRAND
An der Südseite der Stadt erstreckt sich ein 5 km langer Strand mit Infrastruktur. Da hier auch viele Hotels und der Kreuzfahrtpier mit 100 Schiffen jährlich liegen, herrscht – vor allem am Wochenende – Hochbetrieb.

AM ABEND

Am besten besuchen Sie eine der Bars oder ein Restaurant am Paseo de los Turistas; es ist nicht mehr so heiß, und ein Sonnenuntergang über den Bergen von Nicoya bleibt unvergesslich.

ÜBERNACHTEN

INSIDER TIPP HOTEL VISTA GOLFO
Oberhalb der Stadt in den Bergen, mit Reitausflügen, Canopy und Dschungeltouren. *11 Zi. | Finca Daniel | Miramar de Montes de Oro | Tajo Alto | Tel. 26 39 83 03 | www.finca-daniel.de | €€*

TIOGA
Etwas verblichene Eleganz mit Kasino, Garten und Pool. Restaurant mit Meerblick, preiswerte *soda* am Pool. *52 Zi. | C/ 19/Av. 4 | Tel. 26 61 02 71 | www.hoteltioga.com | €€*

YADRÁN
Modernes Haus, gegenüber ein wellengeschützter Strand (dazwischen: Straße). Panoramarestaurant, Kinderpool. *36 Zi. | Paseo de los Turistas/C/ 35 (El Carmen) | Tel. 26 61 26 62 | www.hotelyadrancr.com | €€–€€€*

AUSKUNFT

ICT TOURIST OFFICE
Plaza del Pacífico | Paseo de los Turistas/C/ Central | Tel. 26 61 64 08 | www.puntarenas.com

QUEPOS

(127 F4) (G7) Strände, Lodges und Regenwald: Quepos (12 000 Ew.) ist das Eingangstor zum wenige Kilometer entfernten Manuel Antonio, Costa Ricas wohl bekanntestem Nationalpark. Sein typisches Flair konnte der einstige Bananenhafen erhalten.

Puerto Quepos wurde als Ausfuhrhafen gebaut, aber nachdem in den 1950er-Jahren eine Epidemie die Bananenplantagen geschädigt hatte, ging es mit dem Hafen bergab. Schon bei der Anfahrt fällt die besondere Lage des Städtchens zwischen hügeligen Wäldern auf. Sie mag die Franziskaner bewogen haben, 1570 am Fluss Naranjo eine Missionsstation zu errichten, die sie aber 1730 wieder verließen. Von der Station stehen nur noch einige Grundmauern. Heute besteht Quepos aus dem alten Pfahlbautendorf Boca Vieja bei der Brücke über die trichterförmige Flussmündung, der Bungalowansammlung der ehemaligen Bananenherren außerhalb des Städtchens und dem relativ neuen Zentrum.

An der Straße von Quepos zum Nationalpark Manuel Antonio und vor allem im Ort Manuel Antonio herrschen Nepp und Schlepp. Mit Trillerpfeifen versuchen Touristenschlepper in einschüchternder Weise, teilweise sogar in Uniform, als wären sie die Polizei, Autofahrer anzuhalten und zu belästigen (Parkplatz, Touren- und Hotelvermittlung, Einkaufen). **INSIDER TIPP** Fahren Sie einfach weiter.

PAZIFIKKÜSTE

SEHENSWERTES

ISLA DAMAS
Die Quepos vorgelagerte, lang gestreckte Halbinsel bildet eine Lagune, in die vier Flüsse münden. Die Mündung, das Ästuar, ist dicht mit Mangroven bewachsen und Heimat vieler Wasservögel. *Bootsfahrten ab Quepos Marina | ab 50 US-$*

PARQUE NACIONAL MANUEL ANTONIO ★ ●
Das Dorf vor dem Park ist ein großer Flohmarkt mit Waren aus Fernost und Mittelamerika und mit aufdringlichen Verkäufern; der Nationalpark wird das ganze Jahr über stark besucht. Die drei Buchten des knapp 7 km² kleinen Nationalparks gelten als die schönsten des Landes; zwei von ihnen, die weißen Strandbuchten *Espadilla Sur* und *Manuel Antonio,* werden durch die eindrucksvolle Felsformation *Punta Catedral* voneinander getrennt. Eidechsen, Wasservögel, Waschbären und Affen findet man zuhauf, ebenso gibt es fast 200 Vogelarten. Zum Park gehören auch zwölf kleine Inseln, die vom Ufer aus zu sehen sind: Brutplatz für Seevögel.

Vorteilhaft für Besucher mit Kindern, die nicht weit laufen können und trotzdem Affen sehen möchten: INSIDER TIPP Der Park besitzt mehrere kurze Rundwanderwege, nach einer Stunde sind Sie, wenn Sie wollen, wieder am Ausgangspunkt. Trotzdem ist die Artenvielfalt der Natur nicht geringer als anderswo, der Kontakt mit Affen garantiert. *Di–So 7–16 Uhr | 16 US-$ | 7 km südöstl. der Stadt | www.manuelantoniopark.com*

Baumbewohner im Nationalpark Manuel Antonio: Kapuzineraffen

ESSEN & TRINKEN

INSIDER TIPP BROOKLYN BAKERY
In dem kleinen, typisch karibischen Holzhaus riecht es nach frisch geröstetem Kaffee und Schokoladenkuchen. Ein Traum: die tropischen Milkshakes! *Mo–Sa 8–18 Uhr | Av. 1 | Tel. 27 77 77 02 | €*

QUEPOS

EL PATIO DE CAFÉ MILAGRO
Kulttreff junger US-Amerikaner: Die von einer Collegestudentin gegründete Kaffeerösterei bietet Kaffeespezialitäten und im farbenfrohen Freiluftrestaurant vom Frühstück bis zum Dinner costa-ricanische Spezialitäten und internationale Küche, auch Fischgerichte; dazu: Cocktails und südamerikanische Weine. Im angeschlossenen *Bistro Latino* gibt es täglich 16–18 Uhr Happy Hour und Mo–Sa 19–21 Uhr Livemusik. *Tgl. 7–22 Uhr | Ctra. Quepos a Manuel Antonio | Tel. 27 77 07 94 | www.cafemilagro.com | €€*

RUNAWAY GRILL RESTAURANT & FISH BAR
Happy Hour und Sonnenuntergänge sowie „you hook them, we cook them" – ein Angebot für Angler. Ein Dinner lässt sich gut verbinden mit dem anschließenden Besuch der *Outdoor Movie Nights* (s. S. 71). *Tgl. ab 11.30 Uhr | Marina Pez Vela/Paseo del Mar | am neuen Hafen für Sportboote | Tel. 25 19 90 95 | www.runawaygrill.com | €€–€€€*

EINKAUFEN

JAIME PELIGRO BOOKS & ADVENTURES
Große Auswahl an Büchern, neu und gebraucht, auch viele Costa-Rica-Bildbände und Reiseführer; dazu Touri-Infos und Vermittlung von Ausfügen. *Av. Central/C/ 2 (gegenüber Restaurant El Pueblo) | www.queposbooks.com*

FREIZEIT & SPORT

Amigos del Río (Ctra. a Manuel Antonio /km 2 | Tel. 27 77 00 82 | www.amigosdelrio.net) bietet Bootsausflüge auf dem Meer an, außerdem Wildwasserfloßtouren, Reitausflüge und Dschungelwanderungen.

STRÄNDE
Im Nationalpark Manuel Antonio liegen die leicht zugänglichen Traumstrände *Espadilla Sur* und *Playa Manuel Antonio*. Die fast ans Wasser reichende Vegetation und Äffchen, die schauen, ob für sie etwas abfällt, sorgen für Tropenatmosphäre. Außerhalb schließt die *Playa Espadilla Norte* nach Norden an. Danach erstreckt sich die INSIDERTIPP *Playa Escondida* kilometerweit bis zur Halbinsel Punta Quepos; hier ist es wesentlich ruhiger, unter der Woche fast einsam.

ÜBERNACHTEN

Vorzuziehen sind die Lodges an der Straße zum Manuel-Antonio-Park: Sie sind ruhig und bieten Weitblick aufs Meer.

ARENAS DEL MAR
Den Jacuzzi auf dem eigenen Balkon und den Zugang zur privaten Strandbucht (mit bequemer Liege) genießen nicht nur Verliebte: Das ans Meer reichende Grundstück ist ideal zum Tierebeobachten. *38 Zi. | Playa Playitas/ca. 1, 5 km südlich vom Nationalpark | Tel. 27 77 22 77 | www.arenasdelmar.com | €€€*

GAIA ● 🌿
Edles, zurückhaltendes Design, das perfekt mit der umgebenden üppigen Natur harmoniert und das Erleben von Ruhe perfektioniert. Das luxuriöse Hotel besitzt Zimmer und Suiten mit angenehmer Atmosphäre, Terrassen mit edlen Korbmöbeln und ein wohltuendes Spa. Ebenso schön: Soziale Verantwortung ist für die Betreiber Freude und Pflicht – so wird die dörfliche Gemeinde unterstützt, Drogenprävention durchgeführt, Kliniken und Kindergärten werden bezuschusst und vieles mehr. *20 Zi. | Ctra. Quepos a Manuel Antonio, km 2,7 | Tel. 27 77 97 97 | www.gaiahr.com | €€€*

PAZIFIKKÜSTE

Baden im Nationalpark: Playa Espadilla im Parque Nacional Manuel Antonio

LA MARIPOSA ★ ☀

Eines der landesweit schönsten Häuser, in Bungalows hoch über dem Meer untergebrachte Suiten, eingerichtet mit Antiquitäten und Ethnoobjekten, Aussichtsplattform auf die Bucht. Rosa und türkis leuchten die Möbel auf der Restaurantterrasse. *56 Zi. und Suiten | 4 km südl. von Quepos an der Straße nach Manuel Antonio | Tel. 27 77 03 55 | www. hotelmariposa.com | €€€*

VILLA ROMANTICA ●

Inmitten der Natur: Eine Treppe führt zur Veranda vor den Zimmern (Klimaanlage oder Ventilator). Mit tropischem Garten und Pool. *16 Zi. | km 0,5 der Straße nach Manuel Antonio | Tel. 27 77 00 37 | www. villaromantica.com | €€*

WIDE MOUTH FROG

Hostel in einem großen tropischen Garten. Neben fünf Schlafsälen für maximal 42 Gäste gibt es auch zwölf komfortablere Zwei- und Dreibettzimmer. Man trifft sich am Pool und in der Küche mit anderen Reisenden oder relaxt in den Hängematten. *Av. Central/C/ 1 | 150 m östl. der Bushaltestelle | Tel. 27 77 27 98 | www. widemouthfrog.org | €*

AUSKUNFT

ICT TOURIST OFFICE
Edifício del PIMA | Camino al Muelle | Tel. 27 77 42 17

ZIEL IN DER UMGEBUNG

INSIDER TIPP RESORT & SPA CRISTAL BALLENA (128 B6) (*J8*)

7 km südlich von Uvita, gut 70 km von Quepos entfernt, liegt an einem Hügel der Costa Ballena am Parque Nacional Marino Ballena das Resort & Spa Cristal Ballena. Das luxuriöse, von Österreichern betriebene Hotel in mediterranem Stil mit großem Pool inmitten eines tropisch angelegten Parks bietet großzügige ☀ Zimmer mit Balkon, von denen Sie auf den Meeres-Nationalpark blicken. Neben Bootstouren und Walbeobachtungen weden Sportfischen, Schnorcheln und Canopy angeboten. *19 Zi. | Ctra. Costera Sur, km 169 | Tel. 27 86 53 54 | www. cristal-ballena.com | €€€*

KARIBIKKÜSTE

Knallbunte Holzhäuser auf Stelzen, menschenleere Strände mit Pelikanen und Fregattvögeln, Fischerkähne unter Palmen, Geruch nach Meer und Kokosnuss. „Hey Man" wird Touristen schon mal nachgerufen, wenn sie in die kleinen Siedlungen an der schwülen Karibikküste reisen, Auftakt für weitere Gespräche.

Während im übrigen Costa Rica 98 Prozent der Bevölkerung hellhäutig sind, leben in der Provinz Limón ein Drittel Schwarze, Nachkommen der für die Arbeit auf den Plantagen und den Eisenbahnbau von den Westindischen Inseln geholten Menschen. Viele sprechen einen englischen Dialekt, der auf Jamaika gebräuchlich ist. Nicht nur die Sprache, auch der Lebensstil unterscheidet sich hier vom übrigen Land – Musik, Küche und Wohnstil sind karibisch geprägt. Die Provinz ist schwach besiedelt, nur 300 000 Menschen bewohnen die 200 km lange Atlantikküste.

PUERTO LIMÓN

(129 E2) (*M L5*) **Einer der wichtigsten Häfen des Landes ist Puerto Limón (80 000 Ew.), Containerumschlagplatz für Kaffee, Ananas und Bananen, Zentrum afrokaribischer Kultur.**

Verfall kündigt sich an, Wellblech nimmt zu, Farben bröckeln ab, viele Erdbebenschäden wurden nicht beseitigt, die Rui-

Bild: Nationalpark Tortuguero

Karibisches Lebensgefühl prägt die Atlantikküste, Reggaemusik die Strandbars, tropische Vegetation die Kanäle von Tortuguero

nen stehen am Meer. Wegen des feuchtheißen Klimas (ohne Trockenzeit) werden hauptsächlich Tagestouristen angezogen, die auf dem Weg zu den Tortuguerokanälen und den Karibikstränden im Süden nur einen Zwischenstopp einlegen.

SEHENSWERTES

CORREO
Das große, um die vorletzte Jahrhundertwende erbaute Eckhaus besitzt die schönsten Fenster, Balkone und Türen der Stadt, dazu eine Dekoration in sanften Pastelltönen. *Südseite des Mercado Municipal*

MUSEO ETNOHISTÓRICO
Masken, Trommeln und Puppen – der in der Karibik weit verbreitete Voodoo-Kult blüht bei den Afro-Kariben in Costa Rica im Verborgenen. Umso besser, dass im kleinen Museum im 1. Stock des alten Postamts erste Fragen dazu beantwortet werden. Eindrucksvoll ist die Ausstellung zum Bau der Eisenbahnstrecke nach

PUERTO LIMÓN

Helfer der Plantage in Bribrí verpacken Bananen für den Export

Limón. *Di–Sa 9–12 u. 13–16 Uhr | 2 US-$ | Av. 2/C/ 4 | Südseite des Mercado in der alten Post | 1. Stock*

gerichte, gebackene Bananen, Fisch etc.) in einem großen, blitzsauberen Restaurant. *C/ 6/Av. 3–4 | Tel. 27 58 32 49 | €€*

ESSEN & TRINKEN

Mehrere *sodas* und chinesische Restaurants, auch mit kreolischer Küche, liegen am *Mercado Municipal (Av. 2–3/C/ 3–4)*. Beste Wahl für Fisch und Meeresfrüchte: die Garküchen in der Marktmitte. Super Stimmung und viel Reggaemusik finden Sie in den Cafés und Restaurants an der *Playa Bonita*.

BRISAS DEL CARIBE
Tische im Freien und Blick auf den gegenüber liegenden Parque Vargas. Serviert werden karibische Küche und „internationale" Gerichte für vorsichtige Touristen. *Av. 2/C/ 1 | Tel. 27 58 01 38 | €€*

KALISI COFFEE SHOP
Hier trifft man Einheimische. Bodenständige karibische Küche (Kokosreis, Huhn-

EINKAUFEN

Der Shopping District der Stadt liegt vor dem *Cruise Ship Pier (Av. 1)* und an der Straße von dort ins Zentrum. Angeboten werden die üblichen Souvenirs, aber auch Holzschnitzarbeiten und kleine Kästen aus Hartholz mit winzigen Schubladen sowie Keramikfiguren. Der Mercado Central bietet neben Lebensmitteln auch Souvenirs und Kunsthandwerksartikel.

FREIZEIT & SPORT

Vogelbeobachtung, Reiten, Baumklettern und Canopy bietet die *Selva Bananito Lodge (Bananito) (Tel. 22 53 81 18 | www.selvabananito.com | Anfahrt: 1 km südl. der Brücke über den Río Vizcaya abbiegen, dann 12 km landeinwärts). 20 km südlich von Limón*

KARIBIKKÜSTE

BRISAS DE LA JUNGLA
Öko-Erlebnispark: per Zip Line durch den Regenwald düsen oder tiefenentspannt auf dem Jungle-Trail mit einem Guide die Schlafbäume der Faultiere entdecken, an Helikonien schnuppern und anschließend im Bamboo-Restaurant einen Ananas-Kakao-Smoothie schlürfen. *Fr–So 10–21 | Eintritt 20 US-$ (Zip-Line-Tour 50 US-$) | Río Blanca, Ctr. 32/Richtung San José | Tel. 88 54 83 01 | www.brisasdelajungla.com*

STRAND
Hausstrand ist die goldfarbene *Playa Bonita*, 5 km nordwestlich an der Straße nach Moín. Die Wellen ziehen auch Surfer an, es gibt Sportangebote und mehrere Bars und Cafés.

AM ABEND

Abzuraten ist in Puerto Limón vom Barbummel auf eigene Faust und nach Einbruch der Dunkelheit. Fahren Sie Lokale abends besser per Taxi an!

ÜBERNACHTEN

Meiden Sie in Limón Billigunterkünfte – dort steigen häufig Leute ab, denen man zu Hause aus dem Weg gehen würde.

MATAMA
Ruhig und fast tropisch gelegene, weitläufige Anlage in Strandnähe (350 m, Straße dazwischen) 3 km nordwestlich der Stadt, großer Garten mit Minizoo; auch Ausflüge nach Tortuguero und Cahuita. *16 Zi. | Playa Bonita | Ctra. a Portete | Tel. 27 58 11 23 | €€*

PARK HOTEL
Altes Holzhaus wurde zu modernem Mittelklassehotel; (Balkon-)Zimmer mit Safe und Meerblick, Restaurant mit regionaler und internationaler Küche. *32 Zi. | Av. 3/C/ 1–2 | Tel. 27 98 05 55 | www.parkhotellimon.com | €€*

PLAYA WESTFALIA
Beste Wahl: Fast luxuriöses Strandhotel im Haciendastil in einem Garten mit Palmen, Pool und Strandrestaurant. Schöne Balkon- oder Terrassenzimmer mit Meerblick. *8 Zi. | Ctra. a Cahuita | 1,5 km südl. der Flugpiste | Tel. 47 02 18 85 | www.hotelplayawestfalia.com | €€–€€€*

AUSKUNFT

In Limón gibt es kein ICT-Büro; wenden Sie sich zur Not ans *Museum* (s. S. 79).

ZIELE IN DER UMGEBUNG

BRIBRÍ (129 E3) (*M6*)
Der Ort ist Heimat für Indianer des Talamanca-Stamms, die für wenig Lohn als Erntehelfer hart arbeiten müssen, und Ziel für Reisende, die sich für die Kultur der *indígenas* interessieren. Das aus einfachen Holzhäusern bestehende, inmit-

---

MARCO POLO HIGHLIGHTS

★ **Tortuguero**
Bootsfahrt durch den Dschungel, ideal zur Tierbeobachtung → S. 84

★ **Schildkrötenstrand**
Im Nationalpark Tortuguero können Besucher mit viel Vorsicht bei der Eiablage zuschauen → S. 85

★ **Barra del Colorado**
Wohnen in Dschungelhotels im Gewirr der Lagunen und Kanäle → S. 87

PUERTO LIMÓN

ten von Bananenpflanzungen ruhende Dorf liegt 60 km südlich von Puerto Limón an der Grenze zu Panama und bildet mit seiner Umgebung ein Indianerreservat. Treffpunkt ist das türkisfarbene *Restaurante Bribrí (Tel. 27 51 00 44 | €)*.

CAHUITA (129 E3) (*M6*)

Eine von Palmen gesäumte Straße, links Strand, rechts Bananenplantagen, dazu rote Achiotebäume, aus deren Früchten schon die vorkolumbische Bevölkerung Farbe gewann, führt 43 km südlich von Limón in das Dorf Cahuita, Treffpunkt junger Leute, die ein ungezwungenes Leben am Strand führen, das exotisch gewürzte Essen in den *sodas* und die billigen Betten der kleinen Hotels schätzen; Musik und Geselligkeit herrschen vor. Das Zentrum des Orts mit dem nördlichen Nationalparkeingang bietet einfache Hotels, *cabinas* und Restaurants, ist aber weniger attraktiv, auch müssen Sie auf Ihre Sachen gut aufpassen. Suchen Sie besser ein Hotel oder eine *cabina* an der *Playa Negra* im Norden.

Der *Cahuita-Nationalpark (tgl. 8–17 Uhr | Spende erwünscht)* – einer der schönsten Nationalparks Costa Ricas mit Sumpf- und Mangrovenwald, Tukanen, Kolibris und Aras, Affen, Waschbären und Faultieren sowie herrlichen weißen Stränden – erstreckt sich von Cahuita über die nordöstlich gelegene Halbinsel bei Puerto Vargas und südlich am Strand bis Punta Caliente. Der gut begehbare Hauptweg verläuft parallel zu Küste und Strand durch den Wald. Der Nationalpark verfügt über einen 🟢 kostenlosen Zugang über Kelly Creek. Ein vorgelagertes *Korallenriff* bietet Lebensraum für knapp drei Dutzend Korallenarten und über 100 unterschiedliche tropische Fische.

Hotels: Die INSIDER TIPP *Casa de las Flores (10 Zi. | 200 m nördlich des Parkeingangs | Tel. 27 55 03 26 | www.lacasadelasfloreshotel.com | €€)* bietet Komfort und einen Pool in der Nähe des

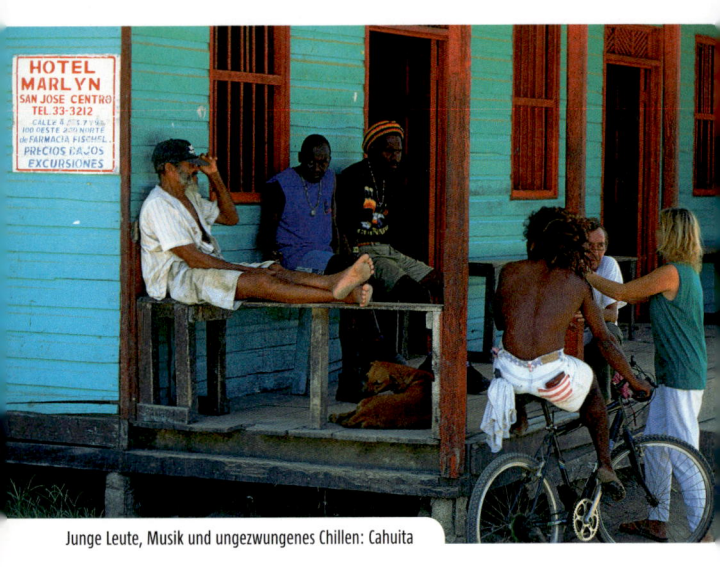

Junge Leute, Musik und ungezwungenes Chillen: Cahuita

KARIBIKKÜSTE

Parks. Sehr empfehlenswert ist *El Encanto Inn (6 Zi. | C/ Playa Negra/C/ Unión | 600 m vom Ortszentrum | Tel. 27 55 01 13 | elencantocahuita.com | €€)*, eine kleine Frühstückspension unter US-amerikanischer Leitung. Die *Siatami Lodge (10 cabinas | Cahuita | Tel. 75 50 03 74 | €€)* umfasst einfache Holzhäuser im karibischen Stil mit Terrasse und 1000 m² Garten drumherum, 300 m vom Dorf.

MANZANILLO (129 F3) (*N6*)

Fans unverfälschter afro-karibischer Atmosphäre sollten dieser Siedlung 75 km südlich von Limón einen Besuch abstatten: menschenleere, palmengesäumte Strände, Fischerboote und Reggaemusik, die aus Cafés und bunten Holzhäusern dröhnt. Viel zu tun gibt es hier nicht, abgesehen vom Chillen am Strand, die Gegend erkunden und dem abendlichen Bier bei *Maxi's*, der hiesigen Bar. Wo die Straße an einem Fluss endet, liegt im Naturschutzgebiet Gandoca-Manzanillo die ungewöhnliche Unterkunft **INSIDER TIPP** *Almendros & Corales (Tel. 27 59 90 56 | www.almondsandcorals.com | €€€)*, ein komfortables Hotel (mit Vollpension). Die 24 Bungalows verfügen über Ventilator und Bad, dazwischen Holzstege und ein Whirlpool unter den Baumkronen.

PUERTO VIEJO DE TALAMANCA (129 F3) (*M6*)

Die gute Laune liegt in der Luft: Auch dieser bunte, lebhafte Ort mit zahllosen Hostels, Restaurants und Bars sowie dunklem Strand, 15 km südlich von Cahuita, ist Treff junger Traveller. Die heißen Tage vergehen mit Volleyball am Strand, zwischen Dezember und April auch mit Surfen. Mückenschutzmittel nicht vergessen und Vorsicht vor der Strömung im Meer! Die *Asociación Talamanqueña de Ecoturismo y Conservación (C/ Principal | Puerto Viejo de Talamanca | Tel. 27 50 01 91 | www.ateccr.org)*, eine Organisation für Ökotourismus und Naturschutz, bietet tolle **INSIDER TIPP** Trekking- und Flusstouren zu den Ureinwohnern in den Dschungel.

Preiswerte Übernachtung im Ort und an den Stränden nördlich und südlich, wo sich *cabinas* und kleine Hotels über 5 km verteilen. Österreichische Besitzer empfangen ihre Gäste in der *Coco Loco Lodge (Tel. 27 50 02 81 | www.cocolocolodge.com | €)*, fünf rustikalen Palmdachhütten mit Bad und Terrasse (plus vier weitere Zimmer), strandnah und umgeben von einem großen Garten. Ein Juwel ist das **INSIDER TIPP** *Hotel Maritza (10 Zi. u. 14 cabinas | Tel. 27 50 00 03 | hotelmaritzapuertoviejolimon.blogspot.de | €€)* im Zentrum, ein karibisches Holzhaus mit viel Atmosphäre. Das Hotel *Le Caméléon (23 Zi. | Playa Cocles |*

LOW BUDGET

Im *Sloth Sancturay (Di–So 8–14 Uhr | Penhurst, 10 km nördl. von Cahuita | 27 50 07 75 | www.slothsanctuary.com)*, der weltweit einzigen Schutzstation für Faultiere, werden verwaiste Jungtiere mit der Flasche aufgezogen. Ein Besuch und die tolle Tour sind ein Erlebnis und recht günstig (30 US-$). Praktikanten, die mithelfen und dafür umsonst wohnen dürfen, sind (meist) willkommen.

In dem kleinen Gästehaus *Los Sueños (6 Zi. | Tel. 27 50 03 69 | www.hotellossuenos.com)* in Puerto Viejo de Talamanca können zwei Personen nur einen Block vom Strand entfernt im Doppelzimmer wohnen – für 30 US-$.

TORTUGUERO

Tel. 27 50 05 01 | www.lecameleonhotel. com | €€€) bietet intimen Luxus und ist die erste Fünf-Sterne-Herberge der Region. Das Design ist minimalistisch, ein dramatischer Kontrast zur Regenwaldumgebung; weiße Fußböden und Wände, Ledersofas und Betten, ergänzt durch Wandbehänge, Decken und Kissen in kräftigen Farben.

Einen Besuch wert – vor allem mit Kindern – ist das INSIDER TIPP *Centro de Rescate Jaguar (nur geführte Touren Mo–Sa 9.30 u. 11.30 Uhr | 20 US-$ | Punta Cocles, 6 km südlich von Puerto Viejo | www.jaguarrescue.com)* in Playa Chiquita, eine Station für verwaiste und verletzte Wildtiere. Süß: Hier werden auch verwaiste Baby-Faultiere aufgepäppelt.

TORTUGUERO

(125 E3) (K3) **Langsam gleitet das Boot im Nationalpark Tortuguero durch tiefgrünes Wasser, vorbei an Mangroven und Palmen, das Sonnenlicht bricht durch überhängende Blätter, weiße Ibisse und Papageien flattern auf, die Luft ist erfüllt von süßer Schwüle und den Geräuschen des Urwalds.**

Zu den eindringlichsten Erlebnissen einer Reise durch Costa Rica gehört die Fahrt durch diesen 190 km² großen Nationalpark. Er besteht aus einem System von Lagunen und Kanälen, die mit dem traditionellen Einbaum wie auch mit größeren Booten befahren werden. Das Tierschutzgebiet ist Heimat für Seekühe und Hunderte von Vogelarten. In den unzugänglichen Feuchtwäldern jagen Ozelot und Jaguar, Temperaturen um die 30 Grad und häufige Niederschläge schufen eine selbst für Costa Rica außergewöhnlich artenreiche Vegetation.

Tortuga heißt Schildkröte, und tatsächlich sind die Strände des Parks Brutplatz für Meeresschildkröten. Von Juli bis Oktober schwimmen die trächtigen Weibchen in Nächten mit hellem Mondlicht zur Eiablage an Land, darunter auch die bis 200 kg schwere Grüne Meeresschildkröte. Tortuguero (1400 Ew.) ist ab Moín, 7 km nordwestlich von Limón, mit Booten auf Kanälen zu erreichen, die parallel zur Küste nach Norden führen *(77 km | ca. 35 US-$)*. Anreise auf dem Wasserweg auch ab Puerto Viejo de Sarapiquí und La Pavona (17 km von Cariari, schlechte Naturstraße) sowie per Flug *(114 US-$)* von San José zum Flugplatz bei der Schildkrötenstation.

SEHENSWERTES

BOOTSFAHRTEN

Eine Fahrt auf den Wasserwegen gehört zu den schönsten Naturerlebnissen. Palmen neigen ihre Blätter bis auf das Was-

SCHILDKRÖTEN RETTEN

Da in Costa Rica das Ausgraben und Verkaufen von Schildkröteneiern immer noch weit verbreitet ist, betätigen sich viele Touristen als „Retter". Sie graben die Eier unmittelbar nach der Ablage selbst aus und bringen sie Naturschützern, die sie in Gehegen ausbrüten und die Jungtiere nach dem Schlüpfen ins Wasser bringen. Der Eierlauf beginnt am Atlantik im Juli, man muss allerdings gelegentlich mit Angriffen gewerbsmäßiger Eiersammler rechnen.

KARIBIKKÜSTE

ser, exotische Vögel fliegen von Ufer zu Ufer, Affen begleiten die Boote. Die einzelnen Lodges unterhalten Boote unterschiedlicher Größe, mit denen sich die Flüsse, Lagunen und Kanäle des Nationalparks erkunden lassen. Meist geschieht dies in Gruppen und mit einem naturkundigen Führer. Es lassen sich jedoch auch kleinere Boote für individuelle Ausflüge mieten.

SCHILDKRÖTENSTRAND ★

Zum Schutz der bedrohten Grünen Meeresschildkröte, der Karettschildkröte und der Lederschildkröte wurde der Park 1975 geschaffen. Zwischen Juli und Mitte Oktober kriechen die schweren Tiere nachts den Strand hinauf, um ihre Eier im Sand abzulegen. Bevor die Sonne wieder gnadenlos brennt, kehren sie ins Wasser zurück. Während der Saison bieten die Unterkünfte Ausflüge zu Strandabschnitten, an denen Neugierige das Schauspiel beobachten können, ohne die Schildkröten zu stören.

ESSEN & TRINKEN

Die Lodges unterhalten fast alle Restaurants, Verpflegung meist im Preis eingeschlossen. In Tortuguero Village: Cafés, *sodas* und einfache Restaurants.

INSIDER TIPP BUDDA CAFÉ
Sundowner, Salate und Pizzas, cooles Bootssteg-Ambiente mit einem Hauch Ibiza und Hippie-Feeling, doch wahre Buddha-Follower schrecken die „Om"-Silben als Wanddekoration eher ab. *Tgl. 11–21 Uhr | C/ Principal | 25 m nördl. des Bootsanlegers | Tel. 2709 80 84 | www.buddacafe.com | €€*

TAYLOR'S PLACE
Nach Sonnenuntergang DER Ort: Kerzen, im Wind raschelnde Palmwedel, leckere Kokosnuss-Rum-Cocktails. Und Inhaber Ray Taylor serviert die besten Shrimps und Steaks (mit Tamarinden-Sauce) der Gegend. *Tgl. 18–21 Uhr | Little Street | Tortuguero Village | €€*

Die Stars und Namensgeber des Nationalparks Tortuguero: Schildkröten

TORTUGUERO

FREIZEIT & SPORT

Alle Lodges und Hotels bieten Beobachtung (Juli–Okt.) der nächtlichen Eiablage der Schildkröten am Strand; Touren *(30 US-$, nur mit Guide)* buchen Sie auch am *Infokiosk* (siehe Auskunft) in Tortuguero Village. Bootstouren in die Lagunen des Nationalparks werden ebenfalls von den Hotels angeboten; am Ufer von Tortuguero Village finden Sie diverse Anbieter von Kanu- und Kajakverleih.

ÜBERNACHTEN

Umgeben von Wasser und Palmen und im landestypischen Stil – teilweise auf Stelzen errichtete Holzhäuser – liegen mehrere Lodges entlang der Lagunen und Kanäle von Tortuguero. Gewöhnlich bucht man seinen drei- bis viertägigen Aufenthalt inklusive Verpflegung in den Reisebüros in San José. Der Transport erfolgt mit kleinen Flugzeugen oder über das Flusssystem ab Puerto Viejo de Sarapiquí. Wer individuell mit dem Boot anreist, findet in Parismina und Tortuguero einige einfache Pensionen.

CABINAS BALCÓN DEL MAR

Am Strand und am Ende des Dorfes: Preiswerte kleine *cabinas* mit und ohne Bad, auch Mehrbettzimmer, mit Gemeinschaftsküche. Ideal für Langzeitreisende mit kleinem Budget. *8 Zi. | Tortuguero Beach | 100 m nördl. des Wassertanks | Tel. 27098124 | €*

MAWAMBA LODGE

Auf einem Landstreifen zwischen der Lagune von Tortuguero und dem Karibischen Meer liegt das Hotel sowohl am

Das dichte Dschungelgrün des Tortuguero Nationalparks erkunden Sie am besten per Boot

KARIBIKKÜSTE

Strand als auch mit Bootsanleger im Dschungel. *54 Zi. | Tel. 22 93 81 81 | www.grupomawamba.com | €€*

PACHIRA LODGE
Beste Lage auf einer Landzunge gegenüber dem Dorf und beim Eingang zum Nationalpark: Die komfortable Lodge bietet Übernachtung mit Verpflegung und Exkursionen. Dazu gehören 14 ha Natur, mit der die einheimischen Guides vertraut machen. *88 Zi. | Tel. 22 57 22 42 | www.pachiralodge.com | €€€*

TORTUGA LODGE
Anlage für Dschungelromantiker, palmblattgedeckt und mit tropischen Orchideen im Garten; Wanderpfad durch den Regenwald. *27 Zi. | 10 Bootsmin. vom Nationalpark auf der gegenüberliegenden Flussseite der Schildkrötenstation | Tel. 22 57 07 66 | www.tortugalodge.com | €€*

AUSKUNFT
Eine seriöse (doch kommerzielle) Auskunftsadresse ist *Asoprotour (am Bootsanleger | Tortuguero | Tel. 27 67 08 36 | www.asoprotur.com)*.

ZIELE IN DER UMGEBUNG

BARRA DEL COLORADO ★
(125 E2) (*J2*)

Schildkröten sonnen sich am Ufer, handtellergroße Schmetterlinge und winzige Vögel flattern von Blüte zu Blüte, Kapuzineräffchen turnen durch die Bäume. 25 km nördlich von Tortuguero wartet ein zweites Urwaldsumpfgebiet auf Besucher, weniger bekannt und weniger besucht. Es besteht ebenfalls aus natürlichen Lagunen sowie Kanälen, die man vor mehr als 100 Jahren miteinander verband: ein Reservat im Mündungsgebiet des Río Colorado, das sich nach Norden bis Barra del Colorado nahe der Grenze zu Nicaragua erstreckt.

Das kleine Dorf Barra del Colorado wird von der farbigen Bevölkerung bewohnt, hat auch eine kleine Flugpiste und einen breiten, weißen Strand. Gleich am Ortsrand beginnt der Dschungel. Die *Río Colorado Lodge (18 Zi. | Tel. 22 32 40 63 | www.riocoloradolodge.com | €€€)* liegt direkt am Fluss und holt ihre Gäste in San José ab; der Schwerpunkt liegt beim Angeln. Auch Bootsausflüge in den Dschungel werden angeboten. Die individuelle Anreise ist am stimmungsvollsten von Puerto Viejo Sarapiquí aus in drei- bis vierstündiger Bootsfahrt auf den Flüssen Sarapiquí, San Juan (Grenzfluss zu Nicaragua) und Colorado.

INSIDER TIPP ▶ PARISMINA
(125 F4) (*K4*)

Gut 20 km südöstlich von Tortuguero liegt an der Mündung des gleichnamigen Flusses die kleine Siedlung. Sie erreichen Parismina mit dem Bus vom *Gran Terminal Caribe (San José | C/ Central/Av. 10–11)* nach Siquirres. Dort gehen Sie vom neuen Busbahnhof zum alten (200 m) und nehmen den Bus nach Caño Blanco. Wassertaxis *(3 Euro, 15 Min.)* bringen Sie nach Parismina. Die Siedlung hat eine kleine Landepiste und liegt am Wasserweg zwischen Moín und Tortuguero. US-Amerikaner kommen zum Hochseeangeln. Jan.–Mai ist Saison für den *tarpón,* einen 2 m langen, 50 kg schweren Heringsfisch, der in riesigen Schwärmen vor der Küste auftaucht. Im Ort gibt es nur teure Lodges für Angler und einfache Unterkünfte für Natur- und Schildkrötenliebhaber: Die INSIDER TIPP *Esmeralda Lodge (6 Zi. | Tel. 83 95 36 63 | www.esmeraldalodge.com | €)* bietet romantische Unterkunft in der Natur. Infos über Aktivitäten und Touren mit einheimischen Führern auf *www.parismina.com*.

ERLEBNISTOUREN

① COSTA RICA PERFEKT IM ÜBERBLICK

START: ① Alajuela
ZIEL: ㉚ Refugio Nacional Vida Sil. Golfito

Strecke: ➡ 2000 km

14 Tage
reine Fahrzeit
40 Stunden

KOSTEN: 1800 Euro pro Person für Unterkunft, Fähre, Boot, Leihwagen, Essen
MITNEHMEN: Wanderschuhe, Regenjacke, Badesachen
ACHTUNG: In der Regenzeit einen Wagen mit Allradantrieb (4 Wheel Drive) mieten; evtl. Ultraleichtflieger in ⑮ Playa Sámara reservieren

Diese Touren finden Sie als App unter go.marcopolo.de/cri

Sie wollen die einzigartigen Facetten dieser Region entdecken? Dann los! Noch einfacher wird es mit der Touren-App: Laden Sie sich die Tour über den QR-Code auf Seite 2/3 oder über die Webadresse in der Fußzeile auf Ihr Smartphone – damit Sie auch offline die perfekte Orientierung haben. Bei Änderungen der Tour ist die App auf dem neuesten Stand und weicht ggf. von den Erlebnistouren im Buch ab. In diesem Fall finden Sie in den Events & News (s. S. 2/3) die neueste Tour als PDF.

TOUREN-APP

→ S. 2/3

Nebelwaldspaziergänge und Baden im Vulkanschlamm, die Playa Sámara aus luftiger Perspektive und Krokodile im Fluss: Obwohl diese Rundtour zu den herausragenden und bekanntesten Orten Costa Ricas führt, eröffnet sie auch immer wieder ungewohnte Perspektiven auf Land und Leute.

Am Morgen **spazieren Sie im Zentrum der Kolonialstadt** ❶ **Alajuela → S. 32 zum Parque Central und dessen Kathedrale,** erkunden die umliegenden Straßen und werfen einen Blick in Patios. Im **Museo Histórico Cultural Juan Santamaría** am Parque Central lernen Sie die Hel-

TAG 1

❶ Alajuela

Bild: Strand am Nationalpark Manuel Antonio

[35 km]

② Sarchí 🛍

[22 km]

③ La Posada de San Ramón 🛏

TAG 2–3

[104,5 km]

④ Santa Elena 🍴🌳🌴🚶🛏

[5,5 km]

⑤ Monteverde Cloud Forest Reserve 🌳🌴🚶

TAG 4–5

[5,5 km]

⑥ Santa Elena 🛏

[110 km]

⑦ La Fortuna 🛏

[18 km]

⑧ Vulkan Arenal 🌳🚶🚶

[13,5 km]

den der Nation kennen. Die *comida* (das Mittagessen) nehmen Sie in einem der Restaurants in den Straßen ein, die vom Parque abgehen. **Am Nachmittag geht es auf der Panamericana, hier C1 genannt, in nordwestlicher Richtung nach ② Sarchí → S. 36** mit Werkstätten für Kunsthandwerk, **dann weiter in das nördlich der C1 gelegene San Ramón de Alajuela zum Hotel ③ La Posada de San Ramón** *(33 Zi. | Av. 9/C/ 1 | Tel. 24 45 73 59 | www. posadahotel.net | €€)*, wo Sie die Nacht verbringen.

Weiter **geht es auf der Panamericana gen Westen, bei Barranca Richtung Norden, bis bei Rancho Grande der Abzweig nach Santa Elena folgt** (teilweise Schotterpiste, in der Regenzeit ist 4WD erforderlich). Regenwälder und Nebelwald zeichnen das Naturschutzgebiet um **Monteverde → S. 56** aus. In der Kleinstadt **④ Santa Elena → S. 56** gibt es günstige Pensionen, romantische Lodges und Biorestaurants. Hier können Sie die Gegend erkunden: Auf Hängebrücken in Baumwipfel blicken, zu Fuß den Urwald entdecken, vielleicht bei einer (geführten) Nachtwanderung. Das **⑤ Monteverde Cloud Forest Reserve** *(www. cloudforestmonteverde.com)* liegt östlich von Santa Elena, im Informationszentrum erklärt man Ihnen die Wanderpfade *(trails)*.

Nach der zweiten Nacht in **⑥ Santa Elena** geht es über Tilarán nach **⑦ La Fortuna**. Suchen Sie eine Unterkunft – die Stadt ist Basis für Erkundungen, etwa des **⑧ Vulkan**

ERLEBNISTOUREN

Arenal → S. 53 und der großartigen Natur ringsherum. Pure Wellness ist es, in den vom aktiven Vulkan erwärmten ⑨ **Thermalpools** → S. 54 (Balnearios) zu planschen. Der ⑩ **Arenalsee** → S. 53 ist *das* Windsurfrevier, entsprechend viele Angebote und -schulen gibt es hier. Kurios ist ein Besuch in der Anlage ⑪ **La Pequeña Helvecia** *(tgl. | Nuevo Arenal/Nordufer | Arenalsee | Tel. 26 92 80 12 | www.pequenahelvecia.com)*, in der „kleinen Schweiz" warten neben Rösti auch Kuhstall, Kapelle und Bergbahn. Wanderlust? Dann erkunden Sie die umliegenden Nationalparks.

Von ⑫ **La Fortuna** fahren Sie weiter nordwestlich durch **Liberia** → S. 50 zum ⑬ **Nationalpark Rincón de la Vieja** → S. 55. Sein Besuch ist ein Muss! Übernachten Sie am Parkrand in der **Hacienda Guachipelin** → S. 55. Top: ein Bad im Vulkanschlamm.

Zurück nach Liberia, dann über die Carretera 21 nach Süden, über **Santa Cruz** → S. 61 und **Nicoya** → S. 62 – mit Stopp in ⑭ **Guaitil** → S. 61, um dort nach Keramikkunsthandwerk zu schauen – zur ⑮ **Playa Sámara** → S. 63, wo Sie ein Quartier für die Nacht suchen. Vielleicht lassen Sie sich ja mit einem Ultraleichtflieger von **Flying Crocodile** über Dschungel und Strand tragen.

Ganz im Süden liegt **Montezuma** → S. 61. **Das Hiking in der nahen ⑯ Reserva Natural Cabo Blanco** ist der richtige Gegenpol zum Beach. Die Nacht verbringen Sie im ⑰ **Ho-**

---

⑨ **Thermalpools**

12,5 km

⑩ **Arenalsee**

14 km

⑪ **La Pequeña Helvecia**

TAG 6

31 km

⑫ **La Fortuna**

165 km

⑬ **Nationalpark Rincón de la Vieja**

TAG 7

101 km

⑭ **Guaitil**

97 km

⑮ **Playa Sámara**

TAG 8

94 km

⑯ **Reserva Natural Cabo Blanco**

9 km

Hotel Aurora

TAG 9

59 km

Paseo de los Turistas

98 km

San José

TAG 10

36 km

Parque Nacional Braulio Carrillo

210 km

Nationalpark Tortuguero

TAG 11

147 km

Puerto Viejo de Talamanca

TAG 12

290 km

Brücke bei Tárcoles

27 km

Rainforest Aerial Tramway

5,5 km

Jacó

TAG 13

67 km

Quepos

7 km

Nationalpark Manuel Antonio

tel Aurora *(20 Zi. | nördl. Ortsrand | Montezuma | Tel. 26 42 00 51 | www.hotelaurora-montezuma.com | €–€€)* nur 100 m vom Strand.

Die Carretera 160 führt nordwärts nach Paquera, wo Sie die Fähre *(www.nicoyapeninsula.com)* nach Puntarenas → S. 72 nehmen. Nach einem Lunch am ⑱ Paseo de los Turistas → S. 73 geht es in die Hauptstadt ⑲ San José → S. 45, wo Sie auch die Nacht verbringen werden. Zunächst ist ein Besuch im Museo del Oro Precolombino Pflicht. Das Goldmuseum zeigt Tausende Figuren und Schmuck aus der präkolumbischen Zeit.

Auf der Fahrt von San José zum Karibikhafen Puerto Limón → S. 78 passieren Sie im ⑳ Parque Nacional Braulio Carrillo → S. 45 den Río Sucio (schmutziger Fluss). Von einer Brücke der Carretera 32 beobachten Sie ein berühmtes Naturschauspiel: Die Vereinigung des klaren Río Honduras und des vom Vulkan Irazú stammenden Río Sucio, wegen seiner Eisen- und Schwefelablagerungen rostrot. Ein paar hundert Meter nach dem Zusammentreffen wechselt die Farbe des Río Sucio ins Grünliche. **Fahren Sie weiter in den nördlich von Puerto Limón gelegenen Hafen Moín; dort stellen Sie das Auto auf einem bewachten Parkplatz ab und erreichen per Boot den ㉑ Nationalpark Tortuguero → S. 84**, bekannt für seine Lagunen- und Kanallandschaft, seinen Artenreichtum und seltene tropische Pflanzen. Für die Übernachtung sind Sie in den Cabinas Balcón del Mar → S. 86 gut aufgehoben.

Zurück aus Tortuguero fahren Sie von Puerto Limón an der Karibikküste entlang über Cahuita nach Süden. Relaxtes karibisches Strand- und Partyleben lockt in ㉒ Puerto Viejo de Talamanca → S. 83.

Über San José geht es in 6–7 Stunden zurück an die Pazifikküste, nach Jacó. Unterwegs halten Sie an der ㉓ Brücke bei Tárcoles, um die träge am Ufer liegenden Krokodile zu fotografieren. **Etwas weiter gleiten Sie in der Gondel des ㉔ Rainforest Aerial Tramway → S. 71 über einen Wasserfall in den Dschungel.** Die Nacht verbringen Sie in ㉕ Jacó → S. 69.

Fahren Sie weiter nach ㉖ Quepos → S. 74 und beziehen Sie schon Ihr Quartier für die Nacht. Ein Highlight ist der ㉗ **Nationalpark Manuel Antonio → S. 75**. Hier finden Sie

ERLEBNISTOUREN

Affen und Papageien – und helle Sandstrände. Eine Bootsfahrt von Quepos zur ㉘ **Isla Damas → S. 75** entführt Sie zu den Vögeln eines Mangrovenwalds.

Auf der **Weiterfahrt nach Golfito** kommen Sie vorbei an hellen Sand- und dunklen Kieselstränden, durch Dschungel und Ölpalmenplantagen. Das Klima wird zunehmend schwül, die Vegetation tropisch. Sie sehen Palmen, Bananen und Orchideen. In der kleinen Hafenstadt ㉙ **Golfito → S. 64**, zwischen der Bucht und den grünen Hügeln des Naturschutzgebiets ㉚ **Refugio Nacional de Vida Silvestre Golfito → S. 66**, locken Wanderungen im nahen Regenwald und Bootsfahrten zu abgelegenen (Surfer-)Stränden.

| 14 km |
| ㉘ Isla Damas |

TAG 14

| 169 km |
| ㉙ Golfito |
| 2,5 km |
| ㉚ Refugio Nacional de Vida Silvestre Golfito |

② VON SAN JOSÉ DURCH NATIONALPARKS ZUR KARIBIKKÜSTE

START: ❶ San José ZIEL: ❺ Nationalpark Barra del Colorado	3 Tage reine Fahrzeit 4,5 Stunden
Strecke: ➡ ca. 150 km	

KOSTEN: 250 Euro pro Person für Unterkunft, Essen, Seilbahn, Bus, Boot
MITNEHMEN: Regenjacke, Badesachen, Wanderschuhe

ACHTUNG: Pass mitnehmen!

Von San José kommen Sie auch gut mit öffentlichen Verkehrsmitteln in den Nationalpark an der Karibikküste: mit dem Bus, ein kleines Stück mit der Gondel durch die Wipfel des Urwalds und mit einer erlebnisreichen Bootsfahrt.

Vom Busbahnhof Terminal del Caribe *(C/ Central/Av. 13–15)* in ❶ **San José → S. 45** nehmen Sie frühmorgens den Bus über Guápiles nach Cariari und fahren zunächst durch den ❷ **Nationalpark Braulio Carrillo → S. 45**. Kurz nach Passieren des Zurquítunnels überquert der Bus den **Río Sucio → S. 92**. Wenige Minuten später (5 km nach der Brücke) liegt rechts die Zufahrt zur nahezu legendären **Rainforest Aerial Tramway → S. 44**, von den Einheimischen *teleférico* („Seilbahn") genannt. Sie verlassen den Bus und erleben die Schwebefahrt durch den Urwald. Kalkulieren Sie mindestens drei Stunden ein. Am Ziel angekommen hilft Ihnen ein Angestellter der Seilbahn, den

TAG 1

❶ San José
| 35 km |
❷ Nationalpark Braulio Carrillo

| 52,5 km |

3 Hotel El Trópico

TAG 2–3
47 km

4 Puerto Lindo de Pococí

1,5 km

richtigen Bus für die Weiterfahrt nach Cariari anzuhalten. **Bei Guápiles zweigt die Ruta 247 in nördlicher Richtung nach Cariari ab. Dort übernachten Sie im 3 Hotel El Trópico** *(20 Zi. | Barrio Palermo | Tel. 2767 7186 | www.hoteltropico.com | €).*

Von Cariari nehmen Sie den 14-Uhr-Bus, der ins 47 km nördlich gelegene 4 Puerto Lindo de Pococí fährt – eine 2–3 Stunden dauernde, recht abenteuerliche Tour durch Wildnis und Dschungel. **Der Bus setzt Sie an der Mole des Hafens ab, dort warten bereits flache Motorboote für die einstündige Fahrt durch Kanäle des Río Colorado und des Nationalparks Barra del Colorado.** Halten Sie 5 US-$ Ge-

ERLEBNISTOUREN

Abenteuer Dschungel: durch die Kanäle des Nationalparks Barra del Colorado

bühr für das Befahren des Río San Juan, des Grenzflusses zu Nicaragua (Pass erforderlich) sowie 10 US-$ Eintritt für den ❺ **Nationalpark Barra del Colorado** → S. 87 an der nicaraguanischen Grenze bereit. **Das Boot fährt zum Dorf Barra del Colorado am linken Ufer des Flusses, wo die Mitarbeiter Ihrer Unterkunft, der** Silver King Lodge *(23 | Tel. 84 47 59 88 | www.silverkinglodge.com | €€€)*, **Sie abholen.** Die Lodge stellt INSIDERTIPP kostenlos Kanus und Kajaks für Touren im Nationalpark zur Verfügung. Der kommende Tag ist ausgefüllt mit Wanderungen und Paddeltouren auf den Flüssen, Kanälen und Lagunen. Sie werden geweckt von den Dschungelgeräuschen, erfahren auf einer geführten Tour allerlei über die Natur und bekommen Brüllaffen, Schildkröten und Krokodile zu Gesicht.

❺ Nationalpark Barra del Colorado

❸ VON SAN JOSÉ ZUM PAZIFIK

START: ❶ San José
ZIEL: ❼ La Mariposa (Hotel)

3 Tage
reine Fahrzeit
4 Stunden

Strecke:
➡ 190 km

KOSTEN: 300 Euro pro Person für Mietwagen, Übernachtung, Essen
MITNEHMEN: Wanderschuhe, Badesachen, Sonnenschutz

95

Von dunkel leuchtenden Pazifikstränden zu den weißen Playas des Nationalparks, umgeben von Dschungel und wilden Tieren: Über Jacó geht es am Pazifik entlang nach Quepos und zum Nationalpark Manuel Antonio.

TAG 1

① San José
[89,5 km]
② Parque Nacional Carara 🌴🐖🚶
[23 km]
③ Playa de Jacó 🌊🏄🚶🍸🛏

Auf der Autobahn kommen Sie von **① San José → S. 45** westlich durch das Valle Central zur kleinen Stadt Orotina. Wenige Kilometer südlich beginnt der **② Parque Nacional Carara → S. 70**, Heimat für Jaguare, Pumas und Ozelote. Freuen Sie sich auf Affen und farbenprächtige tropische Vögel, darunter auch Riesenaras. Trails führen tiefer in den Nationalpark. „Willkommen in Jacó" heißt es bald darauf. Die Strände von **③ Playa de Jacó → S. 71** verbreiten Partystimmung. Die Wellen sind hoch, die Preise niedrig, so ist Jacó auch für jüngere Windsurfer *das* Ziel. Lassen Sie sich einen Wattspaziergang bei Ebbe nicht entgehen – vielleicht entdecken Sie *sanddollars* (flache Seeigel). Nach Sonnenuntergang geht es in die **Bar Nirvana** *(tgl. 19–2 Uhr | Av. Pastor Diaz | Tel. 84 29 52 55)* zu Live-Reggae und Rockmusik. Im Hotel **Mar de Luz → S. 72** finden Sie später ein Bett für die Nacht.

TAG 2–3

[67 km]
④ Quepos 🌊🐖🛏

Weiter führt die Straße, überquert bei Parrita den gleichnamigen Fluss, wendet sich für wenige Kilometer landeinwärts, bis sie am Ende einer Bucht auf **④ Quepos → S. 74** trifft, das Ziel der Reise. Suchen Sie sich eine Unterkunft und unternehmen Sie mit **Cambute Tours** *(Tel. 27 77 32 29 | mangrovetour.com)* eine Bootsfahrt durch die Kanäle des Isla-Damas-Ästurs. Passen Sie auf Ihre Tasche auf – wenn Sie unter Bäumen hindurchfahren, entern mit-

Zum Abschluss des Tages ein Abendessen mit Ausblick: La Mariposa

ERLEBNISTOUREN

unter kleine Affen Ihr Boot. **Eine schmale Straße windet sich von Quepos 7 km den Berg hinauf und wieder hinunter.** Restaurants und Lodges liegen in tropischen Gärten an den Hängen beiderseits der Straße. Einen Panoramablick auf den Nationalpark und seine Inseln haben Sie von ❺ **Emilio's Café** *(Di Ruhetag | Ctra. a Manuel Antonio, km 4/bei der Plaza Vista Shopping | Tel. 27 77 68 07 | €€)*. Am nächsten Tag können Sie den berühmten ❻ **Nationalpark Manuel Antonio → S. 75** erkunden. **Am Ende der Straße liegt vor dem Park die Siedlung Manuel Antonio.** Entlang ihrer Uferstraße, hier nur ein sandiger Weg, sitzen Langzeitreisende in den Cafés, indische Batiken und Amulette flattern im Wind. Den Tag lassen Sie oben auf der Terrasse des Hotels ❼ **La Mariposa → S. 77** ausklingen: Meer und Nationalpark liegen Ihnen zu Füßen. Traumhaft!

4,5 km

❺ Emilio's Café

3 km

❻ Nationalpark Manuel Antonio

3 km

❼ La Mariposa

97

ZU FUSS DURCH DEN NEBELWALD VON CURI-CANCHA

START: ❶ Santa Elena
ZIEL: ❶ Santa Elena

Strecke: sehr leicht
🥾 4 km   📶 Höhenmeter: 180 m

1 Tag
reine Gehzeit
4 Stunden

KOSTEN: 26 US-$ pro Person (Bus, Eintritte), evtl. Guide 3 Std. 45 US-$, Taxi 8 US-$
MITNEHMEN: Wanderschuhe, Wasser

ACHTUNG: Die Zahl der Curi-Cancha-Besucher ist auf 50 begrenzt – deshalb sollten Sie in aller Frühe am Eingang sein!

Von den Naturschutzgebieten um Santa Elena und Monteverde ist das weniger besuchte private Refugio de Vida Silvestre Curi-Cancha besonders schön. Nach der Wanderung geht's in den „Fledermausdschungel".

❶ Santa Elena
2,5 km
❷ Stella's Bakery
500 m
❸ Reserva Curi-Cancha
3 km

07:30 Nehmen Sie den Shuttlebus von ❶ Santa Elena → S. 56 Richtung Monteverde → S. 56 und steigen Sie bei Casem, einer Frauen-Kooperative für Kunsthandwerk, aus. Stärken Sie sich mit einem Frühstück in der **gegenüberliegenden ❷ Stella's Bakery** *(tgl. ab 7 Uhr | Tel. 26 45 55 60 | €)*. Spazieren Sie dann die Naturstraße entlang, **die zwischen Stella's Bakery und der Cheese Factory** *(gegenüber dem Casem-Souvenirgeschäft)* **in östlicher Richtung zum Naturschutzgebiet Curi-Cancha abzweigt.** Das ❸ **Reserva Curi-Cancha** *(12 US-$, Guide 15 US-$ pro Stunde | Tel. 26 45 69 15 | www.reservacuricancha.com)* ist täglich 7–16 Uhr geöffnet, außerdem 18–20 Uhr für eine Nachtwanderung *(caminata nocturna)*.

09:00 Sechs ausgeschilderte Trails durchziehen das hügelige Gelände, **nehmen Sie den Weg zum Aussichtspunkt Mirador a la División Continental**. Empfehlenswert ist eine Guided Tour (3 Std.). So bekommen Sie gezeigt, was Ihnen allein entgangen wäre, etwa die Wurzeln einer Würgefeige, singende Glockenvögel, seltene Quetzals in Avocadobäumen, Tukane oder in den Baumkronen turnende Klammeraffen. Vom **Mirador a la División Continental** schließlich überblicken Sie die kontinentale Wasserscheide: Westlich münden die Flüsse in den Pazifik, östlich in den Atlantik. Nach insgesamt drei Stunden – gefüllt mit

ERLEBNISTOUREN

Erklärungen, kleinen Pausen, der Suche mit dem Fernglas – sind Sie zurück am Reservatseingang.

12:00 Gelunched wird bei ❹ Casem → S. 59. Danach geht's in den ❺ **Fledermausdschungel (Bat Jungle)** *(tgl. 9–19.30 Uhr | Tour 12 US-$ | Tel. 26 45 77 01 | www.batjungle.com)* **in der Nähe hinter Stella's Bakery**. Ein großer abgedunkelter Raum beherbergt an die 90 Fledermäuse, denen Sie in einer 45-Minuten-Tour ganz nah kommen. Zurück im Sonnenschein stöbern Sie in den Regalen bei ❻ Casem → S. 59 nach einem INSIDERTIPP ausgefallenen Souvenir für Ihre Freunde zu Hause. Und wenn Sie den letzten Shuttlebus zurück nach ❶ Santa Elena verpassen, ruft Ihnen eine der netten Señoritas von Casem gern ein Taxi.

Wie in einer anderen Welt: geheimnisvoller Nebelwald

SPORT & WELLNESS

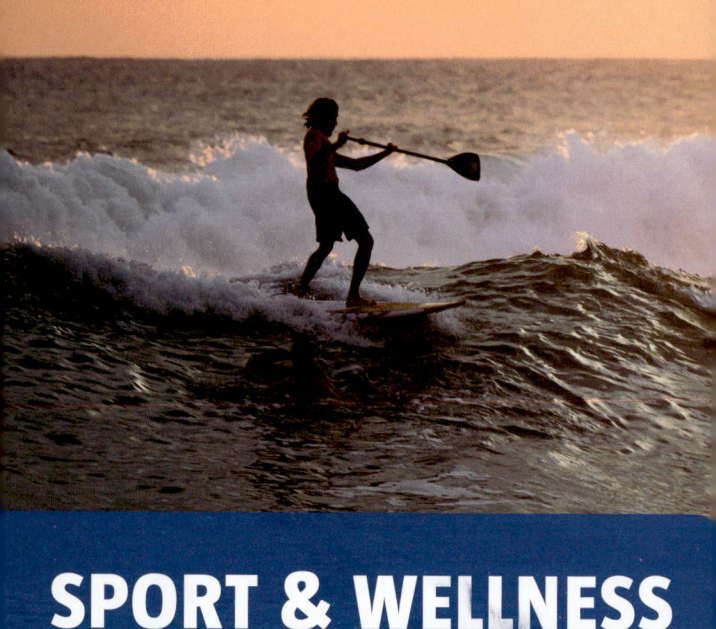

Costa Rica ist ein ideales Ziel für sportliche Naturfreunde. Ob Trekking durch den Regenwald, Kajaktouren und Riverrafting in wild strömenden Flüssen, Ausritte über schwarz schimmernden Lavastrand oder Tauchgänge zwischen Schildkröten und Barrakudas: Das Angebot ist groß und preislich stets moderat. Atlantik- und Pazifikküste bieten darüber hinaus hervorragende Bedingungen für Wassersport. Einzigartig sind Costa Ricas Nationalparks, die man auf zahlreichen Wegen kennenlernen kann. 20 kleinere Tourismusanbieter haben sich zum **INSIDER TIPP** Turismo Rural Comunitario *(Tel. 22 34 70 02 | www.actuarcostarica.com)* zusammengeschlossen und bieten Ökourlaub und -touren an.

ADVENTURE SPORTS

Ein tarzanähnliches Feeling zwischen Baumhaus und Lianen bekommt, wer eine der sich in Costa Rica rasant vermehrenden *Canopy Tours* besucht. Über ein System von Hängebrücken spaziert man durch die Baumwipfel im Regenwald oder gleitet an Stahlseilen angeschnallt durch die Natur. Mittlerweile gibt es mehr als 100 Anbieter.

Der *Adventure Park (www.adventureparkcostarica.com)* der Finca Daniel bei Puntarenas am Rand eines großen Privatwalds mit Sicht auf den Golf von Nicoya bietet sich für ein paar Tage Aktivurlaub an. Neben Canopy mit 25 Zip Lines (Gleitseilen) über elf Wasserfälle *(3 Std., 99 US-$, auch kürze-*

Bild: Playa Santa Teresa

Zwei Küsten und zahlreiche Flüsse laden zum Wassersport, und die Naturparks sind eine Herausforderung nicht nur für Wanderer

re Touren) und Reitausflügen in den Urwald lockt ein abenteuerlich konstruiertes System von Hängebrücken, Treppen, Leitern und Seilen hoch in den Baumkronen. Im *ATV Fun Park* wiederum ist man mit Quads unterwegs und hat die Wahl zwischen unterschiedlichen Schwierigkeitsgraden.

GLEITSCHIRMFLIEGEN

Costa Rica von oben, über Meer und Dschungel: Paragliding ist beliebt geworden, Startklippen und Landeplätze am Strand gibt es zur Genüge, vor allem bei Caldera und Turrialba. Anfänger versuchen es mit einem Tandemflug. Flug-Rundreisen, in der Gruppe oder individuell, bietet *Skyhigh (www.skyhighcostarica.com)*.

GOLF

Golf in den Tropen? Besonders schön wegen der Artenvielfalt der Pflanzen, sagen Kenner. Spielt man gleich nach Sonnenaufgang, hat man ein angenehmes Klima mit schönem Licht und höchstens Vögel als Begleiter. Das Land besitzt diverse Golfplätze; der schönste ist der Cariari Country Club *(18 Löcher, Par 71, 6260 m | www.clubcariari.com)* des Hotels Meliá Cariari bei San José. Informationen u. a. auf den Websites *www.golfincostarica. com* und *www.teetimescostarica.com*.

REITEN

Zahlreiche Hotels und Ranches halten artgerecht Pferde und bieten geführte Ausritte durch das Land. Tiere, die den ganzen Tag traurig am Strand in der Sonne herumstehen und für 10 US-$ pro Stunde vermietet werden, sollten Sie besser meiden.

RIVERRAFTING & KAJAK

Wildwasserfahrten sind in vielen Landesteilen möglich. Ein erfahrener Skipper steuert das Schlauchboot über Stromschnellen und kleine Wasserfälle, bei mehrtägigen Touren zeltet man am Flussufer. Sie können je nach Alter und Erfahrung unter unterschiedlich schwierigen Abschnitten wählen, selbst für Kinder geeignete Touren werden angeboten. Ein empfehlenswerter Anbieter ist z. B. Ríos Tropicales *(C/ 38 351 | Tel. 22 33 64 55 | www.riostropicales.com)* in San José.

STAND-UP-PADDLING

Auch in Costa Rica ist der Trendsport SUP ziemlich hip. Nahezu alle Windsurfschulen und Board-Shops verleihen entsprechende Ausrüstung ebenso wie auch einige Strandhotels in Jacó und – besonders häufig – auf der Nicoya-Halbinsel (u. a. Playa Tamarindo, Playa Sámara). Unterricht, u. a. auch in SUP-Yoga – probieren Sie's aus: ein Mega-Spaß! –, erteilt Costa Rica Stand up Padddle Adventures *(Tamarindo | www.costaricasupadventures. com)*.

Vulkan Arenal: lohnendes Ziel für Reiter und Wanderer – auch wenn man ihn nicht besteigen darf

SPORT & WELLNESS

SURFEN

Am Pazifik empfiehlt sich für Anfänger der Strand von Jacó, da man dort Sportgeräte leihen kann und eine Aufsicht vorhanden ist. Fortgeschrittene gehen zu den Stränden von Nosara, Tamarindo oder Sámara. Am Atlantik sieht man Surfer vor allem vor Puerto Viejo de Talamanca und Punta Uva.

TAUCHEN & SCHNORCHELN

An der nördlichen Westküste des Landes ragen die Vulkansteininseln Islas Catalinas rund 30 m steil aus dem sandigen Meeresboden. Hier sieht man z. B. Rochen, Barrakudas, Haie, Muränen und Schildkröten. INSIDER TIPP *Costa Rica Diving* (Playa Flamingo | 450 m vor der Kreuzung Flamingo/Potrero | Tel. 26 54 41 48 | www.costarica-diving.com), eine Tauchschule mit Ausrüstung und Ausbildung zum Tauchschein bietet begleitete Tauchgänge zu 30 Tauchplätzen in 15–30 m Tiefe (Sichtweite bis 30 m) an.

Zum Schnorcheln sind die Korallenriffe der Karibikküste zwar auch geeignet, doch ist die Brandung oft so stark, dass im aufgewühlten Wasser nicht viel zu sehen ist. Aber auch die Strände am Pazifik laden zum Schnorcheln ein, gibt es zwischen den sandigen Abschnitten doch immer wieder Felseinschübe, die Fischen und Schaltieren als Lebensraum dienen, und die Sie beobachten können.

TREKKING

Wanderschuhe gehören unbedingt ins Gepäck, denn Costa Ricas artenreiche Natur lässt sich erst zu Fuß so richtig genießen. Vom einstündigen Spaziergang durch den Manuel Antonio Park zum mehrtägigen Trekking mit einheimischen Guides durch wegelosen Regenwald und Übernachtung im selbst aufgebauten Zelt reicht die Palette. Für Abenteuer und Thrill stehen u. a. die Nationalparks Corcovado und Rincón de la Vieja – mit die artenreichsten Ökosysteme des Landes. Anbieter sind u. a. *Osa Aventura* (www.osaaventura.com/guided-corcovado-treks) und *Aventuras Tierra Verde* (www.in-costa-rica.de).

WELLNESS

Wellness für Körper und Geist, Yoga und Meditation sind auch in Costa Rica angesagt. Das Bewusstsein dafür brachten hauptsächlich US-Amerikaner ins Land, die zwischen Regenwald und Meer Retreats durchführen, Yogastudios und Wellnessherbergen eröffnen. Eine bekannte Adresse ist *Nosara Wellness* (www.nosarawellness.com) auf der Nicoya-Halbinsel. Reiki-Meister, Akupunkteure und in Massagen Ausgebildete halten diverse Treatments und *healing*-Methoden bereit. Das *Holis Wellness Center* (www.spaholis.com) bei Manuel Antonio bietet in traumhafter Umgebung Yogakurse, Pilates und Wellnessbehandlungen, ausgeführt von zertifizierten Fachleuten, die mit viel Begeisterung dabei sind. Ob Detox Body Cleanse, Yoga oder Meditation: Das *Pacha Mama* (s. S. 63) wird von Osho-Anhängern liebevoll und engagiert geführt und wächst stetig.

WINDSURFEN

An der Laguna de Arenal mit ihren beständigen Brisen haben sich spezielle Unterkünfte für Windsurfer etabliert. Auch der *Lago de Coter* nebenan zieht viele Surfer an. Am Pazifik trifft man Windsurfer an den Stränden Tambor, Flamingo, Potrero und Tamarindo sowie am Golfo Dulce.

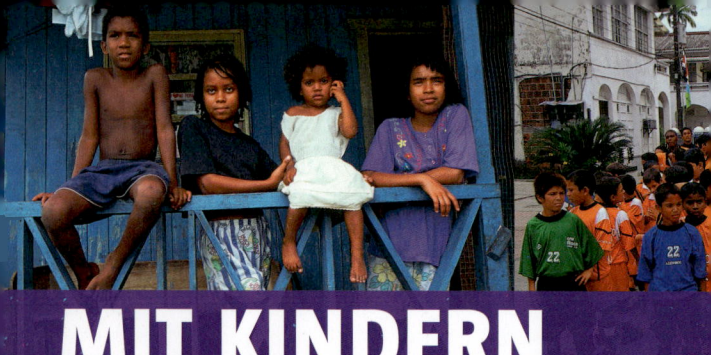

MIT KINDERN UNTERWEGS

Costa-Ricaner lieben Kinder, haben selbst viele *niños* und integrieren diese überall problemlos in den Alltag. Dazu die Natur: Wasserfälle, echte Vulkane, ein Fluss mit Krokodilen, der Regenwald – ganz Costa Rica ist für Kinder ein einziges Dschungelbuch. Zu beachten sind u. a.: Da die Wasserqualität in den Pools kleiner Hotels mitunter nicht die beste ist, kann es zu Infektionen kommen, weshalb Kinder lieber Ohrstöpsel tragen sollten. Die Affen, die überall in den Bäumen herumturnen, sind für Kinder eine große Freude, weil sie nahe herankommen und sich füttern lassen. Wenn die Tiere jedoch nicht genügend oder das, was sie wollen, bekommen, können sie aggressiv werden. Eltern sollten daher das Füttern beaufsichtigen oder besser unterlassen. Ein beträchtlicher Teil der Mittelklassehotels des Landes befindet sich in Händen europäischer oder US-amerikanischer Besitzer. Sie sind gut organisiert, etwas teurer als die einheimischen Hotels und werden von Touristen – u. a. wegen der leichteren sprachlichen Verständigung – oft bevorzugt. INSIDER TIPP Wer mit Kindern reist, sollte, wann immer möglich, die Hotels der *ticos* besuchen: Dort werden die Kleinen wesentlich herzlicher aufgenommen und umsorgt.

ZENTRALE HOCHEBENE

INSIDER TIPP MUSEO DE LOS NIÑOS
(U D2) (*d2*)

Das interaktive „Kindermuseum" in San José bietet in 33 Räumen und im Außenbereich viele Attraktionen und Aktivitäten. Kinder erleben unter anderem eine Milchfarm, ein Erdbeben, das Funktionieren eines Orchesters und die Raumfahrt. *Di–Fr 8–16, Sa/So 9.30–17 Uhr | 2200 Colones, Kinder bis 15 J. 2000 Colones | C/ 4/ Av. 9 | www.museocr.org*

RAINFOREST AERIAL TRAMWAY
(125 D5) (*H4*)

Ab fünf Jahren dürfen Kinder in Begleitung Erwachsener zwischen den Baumkronen des Regenwalds schweben. Zuvor bekommt man per Video gezeigt, was einen erwartet – doch die Wirklichkeit ist viel aufregender. *Tgl. 8–16 Uhr | 65 US-$, Kinder 32 US-$ | zwischen San José und Guápiles, 5 km nach dem Río Sucio | www.rainforestadventure.com*

SPIROGYRA BUTTERFLY GARDEN (JARDÍN DE MARIPOSAS)
(U E2) (*e2*)

Weil er etwas kleiner als die anderen Schmetterlingsfarmen im Land ist – da-

In Costa Rica ist das Reisen mit Kindern eine Freude – nicht nur am Strand oder wegen der Affen beim Frühstück

bei jedoch genauso vielfältig – ist der Butterfly Garden in der Hauptstadt San José für den Besuch mit Kindern besonders geeignet. *Mo–Fr 9–14, Sa/So 9–15 Uhr | 7 US-$, Kinder 5 US-$ | 50 m östl. und 150 m südl. des El Pueblo Shopping Center | www.butterflygardencr.com*

DER NORDWESTEN

BOSQUE ETERNO DE LOS NIÑOS (CHILDREN'S ETERNAL RAIN FOREST)
(123 E4) *(*m* E4)*

International bekannt wurde das Dschungelgebiet in Monteverde bereits 1986 durch das Projekt „Kinderregenwald", eine Aktion, bei der Schulkinder aus insgesamt 44 Ländern Geld sammelten. Im Kinderregenwald gibt es selbstverständlich auch ein kindgerechtes Besucherzentrum und einen Kinderlehrpfad. *Tgl. 8–17 Uhr | 12 US-$, Kinder frei | Zugang „Bajo del Tigre" | 3,5 km südöstl. von Santa Elena an der Straße nach Monteverde | www.acmcr.org*

RAINSONG WILDLIFE SANCTUARY
(126 B4) *(*m* D6)*

Am Südende der Nicoya-Halbinsel liegt das Wildlife Rescue Center, das sich um verletzte und kranke Tiere kümmert – von Affen bis zu Schildkröten. Neben Reitausflügen und Vogelbeobachtungstouren *(jeweils 20 US-$)* sammelt das Center auch Spenden. *Tgl. 8–11 u. 14–17 Uhr | Spende 5 US-$ | Cabuya | www.rainsongsanctuary.com*

PAZIFIKKÜSTE

PARQUE MARINO DEL PACÍFICO
(123 E6) *(*m* E5)*

Hier wird Bildung anschaulich verpackt: Auf die zukünftigen „Meeresbiologen" warten in Puntarenas eine Krokodilkinderstube, viele Schildkröten und tropische Fische. Dazu gibt es fachkundige Erklärungen. *Di–So 9–16.30 Uhr | 10 US-$, Kinder bis 11 J. 5 US-$ | alter Bahnhof | 500 m östl. der Mole für Kreuzfahrtschiffe | www.parquemarino.org*

EVENTS, FESTE & MEHR

EVENTS & NEWS
→ S. 2/3

Pilgern Sie zur Jungfrau von den Engeln, feiern Sie das Fest der Teufelchen oder den Karneval – für Abwechslung ist auf jeden Fall gesorgt. Der wichtigste Feiertag im Jahr ist Ostern.

FESTIVALS & VERANSTALTUNGEN

2. FEBRUAR
Den *Día de la Candelaria* (Mariä Lichtmess) begeht man besonders aufwendig in Paraíso bei Cartago; zu Ehren der Jungfrau gibt es Theater, Konzerte, Musik und Tanz.

FEBRUAR
Im Februar wird in zahlreichen Ortschaften die INSIDERTIPP ▶ *Fiesta de los Diablitos* gefeiert, das Fest der Teufelchen, bei dem die Einheimischen bei Flöten- und Trommelmusik Tänze mit Masken aus Balsaholz aufführen, mit denen die Kämpfe zwischen Indigenen und den Spaniern symbolisiert werden. Die Spanier werden durch Stiere dargestellt, die Einheimischen durch *diablitos* (Teufelchen).
Junge Männer klettern in die Arena und versuchen, den übermütigen Jungbullen zu entkommen: Von Ende Februar bis Anfang März finden in Liberia 11 Tage lang die *Fiestas Cívicas* statt, ein Volksfest mit Reiterumzügen, Viehmarkt, viel Folklore, Bullenreiten und Misswahl.

MITTE APRIL
Beim *Festival Internacional de las Artes* gibt es Musikaufführungen und Theaterstücke, Ballett und Tänze in ganz San José zu bestaunen und einen Kunsthandwerksmarkt auf der Plaza de la Cultura zu besichtigen.

OSTERN
Seit der Kolonialzeit ist *Ostern* in Costa Rica das bedeutendste Fest, das mit landesweiten Umzügen und Prozessionen begangen wird. Wer es sich erlauben kann, legt während der *Semana Santa*, der Osterwoche, einen Kurzurlaub ein.

MITTE JULI
Die *Fiesta de la Virgen del Mar*, die feierliche Prozession zu Ehren der Jungfrau des Meeres, findet in Puntarenas auf dem Wasser statt. Beteiligt ist praktisch alles, vom Ruderboot bis zur Motoryacht und alle sind festlich geschmückt und beleuchtet. So zieht sich die Wasserparade einmal um die Halbinsel im

Golf von Nicoya. *www.puntarenas.com/ puntarenas/virgendelmar.html*

2. AUGUST

Am *Tag der Schutzpatronin* ziehen wahre Pilgerscharen zur Basilika von Cartago, wo 1635 Nuestra Señora de los Ángeles, die Jungfrau von den Engeln, erschien und zur Schutzheiligen des Landes wurde.

OKTOBER

Wochen vor dem eigentlichen Termin um den 12. Okt. hört man bereits die Steeldrums der für den großen Umzug probenden Bands. Während der Festwoche des ⭐ *Karnevals in Limón* ist dann an Schlaf kaum zu denken, ununterbrochen bewegen sich die Limonenses zusammen mit sambabegeisterten Besuchern durch die Straßen.

20. DEZEMBER–2. JANUAR

Zwischen Weihnachten und Neujahr wird im gesamten Land das ⭐ *Fin del Año* gefeiert, das Ende des Jahres, mit Pferdeparaden *(topes)*, Stierkämpfen *(corridas)* und festlichen Umzügen, ganz besonders aufwendig in der Innenstadt von San José.

FEIERTAGE

1. Jan.	*Año Nuevo* (Neujahr)
19. März	*Día de San José*
9./10. April 20, 1./2. April 21, 14./15. April 22	*Jueves y Viernes Santo* (Gründonnerstag/Karfreitag)
11. April	*Juan-Santamaría*
1. Mai	*Día del Trabajo*
29. Juni	*San Pedro y Pablo*
25. Juli	*Anexión de Guanacaste*
2. Aug.	*Virgen de los Ángeles*
15. Aug.	*Día de la Madre* (Mariä Himmelfahrt/Muttertag)
15. Sept.	*Día de la Independencia* (Unabhängigkeitstag)
12. Okt.	*Día de la Raza* (Kolumbustag)
2. Nov.	*Día de los Muertos*
8. Dez.	*Concepción Inmaculada* (Mariä Empfängnis)
25. Dez.	*Navidad* (Weihnachten)

LINKS, BLOGS, APPS & CO.

LINKS & BLOGS

www.marcopolo.de/costarica Ihr Online-Reiseführer mit allen wichtigen Informationen, Highlights und Tipps, interaktivem Routenplaner, spannenden News und Reportagen sowie inspirierenden Fotogalerien

www.turismo-sostenible.co.cr Verzeichnis der von der costa-ricanischen Tourismusbehörde für nachhaltigen Tourismus ausgezeichneten Hotels und Reiseagenturen

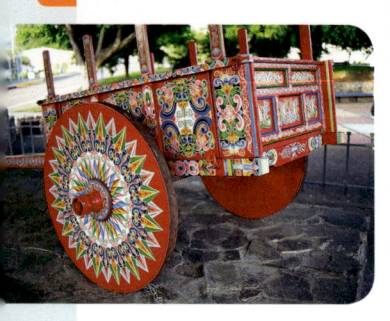

www.costarica-austausch-service.com Agentur einer deutschen Auswanderin für ein Schüleraustauschprogramm von drei bis zwölf Monaten in privaten Highschools und mit Unterkunft bei Gastfamilien

www.ticopedia.de Die deutschsprachige Website berichtet über die neuesten Entwicklungen – nicht nur im Tourismus. Sehr informativ ist das Forum

www.regenwald.at Der „Regenwald der Österreicher" zeigt, wie man Klima-, Natur- und Artenschutz vereint und mit Sozialhilfe und Ökotourismus verbindet

www.vozdeguanacaste.com Forum mit Insider-Nachrichten aus Nosara, Sámara, Nicoya und von den Stränden der Halbinsel Nicoya

www.costarica.com/blog Eindrucksvolle Reisebeschreibungen zu Regionen des Landes und diversen Themen bietet der Costa-Rica-Travel-Blog

blog.therealcostarica.com Alles über das Leben und den Alltag in Costa Rica – für Neugierige, Traveler und sogar Rentner

tiquicia-cr.blogspot.de Blog mit Berichten von Politik über Musik bis Reisen

www.costarica-online.com/costaricaforum Aktuelles Forum mit Nachrichten und Themen von Busfahren bis Sicherheit, auch Reiseberichte

Egal, ob für Ihre Reisevorbereitung oder vor Ort: Diese Adressen bereichern Ihren Urlaub. Da manche sehr lang sind, führt Sie der short.travel-Code direkt auf die beschriebenen Websites. Falls bei der Eingabe der Codes eine Fehlermeldung erscheint, könnte das an Ihren Einstellungen zum anonymen Surfen liegen

www.costarica-forum.net Hier wird alles erörtert: Von der Güterstandsregelung in Costa Rica bis zu Problemen der Tierbeobachtung

short.travel/cri4 Allein reisen als Frau, verschiedene Reiserouten und vieles mehr: Die Community tauscht Travellertipps und Bewertungen zu Reisen in Costa Rica

www.internations.org/costa-rica-expats Tipps und Neuigkeiten von in Costa Rica lebenden Ausländern, auch mit deutscher Sektion

https://costarriquenismos.soft112.com Wörter und Redewendungen kennenlernen, die in Costa Rica in jede Unterhaltung gehören: hier gibt's 500 Wörter und Phrasen zu lernen, die schnell Kontakt zu den *ticos* und deren Welt verschaffen. Echter *tico*-Slang sozusagen

VIDEOS

short.travel/cri1 Die knapp siebenminütige Videotour führt durch die Hauptstadt und zeigt – wenn auch nur im Vorbeifahren – viel Sehenswertes

www.travelvideo.com/destinations/costa-rica/video Mehrere kurze Videos zu Naturparks, Tier- und Vogelwelt und den Steinkugeln des Landes

short.travel/cri6 fasziniert 45 Minuten mit Insiderwissen aus der Tierwelt, von flatterhaften Kolibris bis zu gar nicht so faulen Faultieren.

APPS

Costa Rica iPura Vida! Die App fürs iPhone führt zu Städten und Stränden; mit Hotels, Restaurants und Aktivitäten

Bird Sounds Costa Rica Bei dir piept's wohl! Das stimmt, denn hier gibt's auf über 2000 Tracks rund 800 Vogelarten aus Costa Rica zu hören

Costa Rica Birds Field Guide Für Android gibt's als App den Birds Field Guide, mit dem Sie nicht nur Urwaldvögel kreischen hören, sondern auch Infos bekommen, wo in Costa Rica welche Vögel vorkommen, und wie man es anstellt, möglichst viele verschiedene Stimmen zu hören

Für den Inhalt der auf diesen Seiten genannten Adressen übernimmt der Verlag keine Verantwortung

PRAKTISCHE HINWEISE

ADRESSEN

Es gibt nicht immer Straßennamen, dann heißt es z. B. „100 m südlich des xy-Parks". Hausnummern sind fast unbekannt, man gibt die Ecke an: Av. 4/C/5, d. h. Avenida 4, Ecke Calle 5, oder schreibt z. B. C/ 2/Av. 2–4 (noch kürzer: c2, a2/4): „2. Straße zwischen den Avenidas 2 und 4". Im Übrigen herrschen Postfachangaben *(apartado, apto, apdo)* vor.

ANREISE

✈ Condor *(www.condor.com)* fliegt fünfmal wöchentlich von Frankfurt via Santo Domingo oder San Juan (Puerto Rico) oder Panama City nach San José. Linienflüge von Europa nach San José bieten täglich Iberia *(www.iberia.de)* von Frankfurt und Zürich (über Madrid), KLM *(www.klm.com)* von Frankfurt, München und Wien (über Amsterdam), British Airways von mehreren Städten (über London). Rückflugtickets werden ab 700 Euro angeboten. Die Flugzeit von Frankfurt beträgt mit Umsteigen 13–18 Stunden.

Das Flughafentaxi (orange, Ticket am Schalter in der Ankunftshalle) nach San José kostet 12–15, nach Heredia 15 und nach Alajuela 5 Euro, mit dem Bus (dafür schon auf dem Flughafen Geld in Colones tauschen!) kostet es weniger als 1 Euro.

AUSKUNFT

Costa Rica unterhält kein Informationsbüro in Europa. Touristische Informationen erteilt die *Botschaft von Costa Rica (Dessauer Str. 28–29 | 10963 Berlin | Tel. 030 26 39 89 90 | www.botschaft-costarica.de)*. Die offiziellen costa-ricanischen Fremdenverkehrsinstitutionen ICT (Instituto Costarricense de Turismo) und Canatur (Cámara Nacional de Turismo) betreiben nur wenige Informationsbüros in Costa Rica. In vielen Fällen haben Reisebüros und Reiseveranstalter diese Funktion übernommen. Die *Zentrale des ICT (Autopista General Cañas 1 | Ostseite der Juan Pablo II-Brücke, Uruca | Tel. 22 99 58 00)* residiert in San José. Viele Infos hat die Website des ICT, *www.visitcostarica.com*, auch auf Deutsch.

AUTO

Für Urlauber reicht der nationale Führerschein. Bei Fahrten abseits der Hauptstraßen und in Nationalparks ist ein Wagen mit Allradantrieb *(doble tracción,*

GRÜN & FAIR REISEN

Auf Reisen können auch Sie viel bewirken. Behalten Sie nicht nur die CO_2-Bilanz für Hin- und Rückreise im Hinterkopf *(www.atmosfair.de; de.myclimate.org)* – etwa indem Sie Ihre Route umweltgerecht planen *(www.routerank.com)* – , sondern achten Sie auch Natur und Kultur im Reiseland *(www.gate-tourismus.de)*. Gerade als Tourist ist es wichtig, auf Aspekte wie Naturschutz *(www.nabu.de; www.wwf.de)*, regionale Produkte, wenig Autofahren, Wassersparen und vieles mehr zu achten.

Wenn Sie mehr über ökologischen Tourismus erfahren wollen: europaweit *www.oete.de*; weltweit *www.germanwatch.org*

Von Adressen bis Zoll

Urlaub von Anfang bis Ende: die wichtigsten Adressen und Informationen für Ihre Costa-Rica-Reise

four wheel drive) erforderlich. Die Straßen sind mitunter in schlechtem Zustand, teilweise sogar gefährlich. Hinweisschilder fehlen, und die *ticos* fahren riskant. Im Dunkeln sollten Sie nicht unterwegs sein. Tempolimit: 80 km/h, auf der Straße San José–Puerto Limón 90 km/h.

BANKEN & GELDWECHSEL

Costa Ricas Währung ist der Colón (mit 100 Céntimos), der unter starker Inflation leidet. Preisangaben erfolgen daher in US-$, zunehmend auch im Land, wo der Dollar fast zur zweiten Währung wurde und die Grundlage der Wechselkurse bildet. Selbst in kleineren Orten gibt es Geldautomaten, die internationale Bankkarten akzeptieren. Banken sind Mo–Fr 9–15 Uhr geöffnet. Kreditkarten (Visa, Amex) sind weit verbreitet. Aktueller Kurs z. B. unter *www.oanda.com*

CAMPING

Die Verwaltung der Nationalparks hält eine Broschüre über Camping in den Naturschutzgebieten bereit. Auch das ICT verfügt über eine Liste. Jedoch wird das Zelten in Nationalparks zunehmend eingeschränkt, dafür entstehen – vorwiegend an Stränden – immer mehr private Plätze.

DIPLOMATISCHE VERTRETUNGEN

DEUTSCHE BOTSCHAFT IN SAN JOSÉ
Torre La Sabana/, 8° piso, del ICE Sabana Norte 300 m al oeste | Av. de las Américas/C/ 60 | Westen | Tel. 2 90 90 91 | www.san-jose.diplo.de

ÖSTERREICHISCHES HONORARGENERALKONSULAT IN SAN JOSÉ
Ciudad Cariari, Heredia | Residencial Bosque de Doña Rosa, 2da Rotunda 100 m oeste, 50 m sur | Tel. 22 39 36 16

SCHWEIZER BOTSCHAFT IN SAN JOSÉ
Edificio Centro Colón | Paseo Colón/C/ 36–38 | Tel. 2 21 48 29

WAS KOSTET WIE VIEL?

Kaffee	1–1,30 Euro *für eine Tasse*
Imbiss	1,50 Euro *für ein gallo*
Bier	2,30 Euro *für eine Flasche*
Hängematte	15–20 Euro *für eine Baumwollhamaca*
Benzin	um 1 Euro *für 1 l Normalbenzin*
Nationalpark	15 Euro *für den Eintritt*

EIN- & AUSREISE

Zur Einreise benötigen Deutsche, Österreicher und Schweizer für bis zu drei Monaten Aufenthalt einen Reisepass, der noch sechs Monate gültig ist, und ein Rückflugticket.

FRAUEN ALLEIN

Im „Macho"-Land Costa Rica gibt es für allein reisende Frauen nicht nur neugierige Blicke, sondern auch weitere „Aufmerksamkeiten". Doch es droht keine große Gefahr, nur sollte frau in San José und Puerto Limón nicht nachts und an einsamen Stränden nicht allein unterwegs sein.

GESUNDHEIT

Costa Rica ist weitgehend frei von epidemischen Krankheiten, die ärztliche Versorgung in der Hauptstadt ist vorzüglich. Im Notfall: *Clínica Bíblica (Av. 14/C/ Central–1 | Tel. 25 22 10 00 | www.clinicabiblica.com)*. Impfungen sind für eine Reise nicht vorgeschrieben. Ein Malaria- sowie Dengue-Fieber-Risiko besteht in den Küstengebieten und in Regionen unter 600 m. Schützen Sie sich durch entsprechende Kleidung, Insektenschutzmittel und ein Moskitonetz.

Die Wasserwerke warnen vor dem Trinkwasser außerhalb von San José. Deshalb: Eiswürfel vermeiden und auf Mineralwasser ausweichen.

HOTEL

Die Hotelpreise sind saisonal sehr unterschiedlich; von Mai bis Oktober, in der Regenzeit („green season") fallen diese nahezu auf die Hälfte. Besonders in den vergangenen Jahren haben sich in Costa Rica an touristisch herausragenden Orten des Hochlands wie an beliebten Stränden internationale Vier- und Fünf-Sterne-Hotels etabliert. Insgesamt zieht das Land nach wie vor eher Besucher an, die rustikale Lodges und kleine, individuell betriebene Gästehäuser bevorzugen. Unter dem Siegel INSIDER TIPP *Tucan Hotels (www.tucan-hotels.com)* hat sich eine Gruppe von elf kleinen, preiswerten und deutschsprachigen Unterkünften zusammengeschlossen, die sich über das ganze Land verteilen.

INLANDSFLÜGE

Die nationale Fluggesellschaft *Sansa Air (Tel. 22 90 41 00 | www.flysansa.com)* fliegt mit Propellermaschinen (Tickets 50 –100 US-$) vom internationalen Flughafen Juan Santamaría. Auch die private *Nature Air (Aeropuerto Nacional Tobías Bolaños | Pavas | 4 km westl. von San José | Tel. 22 99 60 00 | www.natureair.com)* bietet viele Inlandsflüge. Buchung auch online mit Kreditkarte.

JUGENDHERBERGEN

Eine Liste von Jugendherbergen und ähnlichen Unterkünften findet man

PARADIES FÜR AUSSTEIGER

In den letzten drei Jahrzehnten sind zahlreiche Besucher des Landes nicht wieder nach Hause gefahren. Sie stammen aus Europa oder Nordamerika und haben sich in Costa Rica Grundstücke gekauft und eine Einkunftsquelle geschaffen: ein kleines Hotel, ein paar Gästebungalows, ein Restaurant, eine Tauch-, Reit- oder Flugschule oder gar ein ganzes Naturschutzgebiet mit Erlebnistouren. Mittlerweile gibt es sogar Grundstücksvermittlung und PR-Aktivitäten. Schwerpunkte sind Cahuita und Puerto Viejo an der Karibikküste, Playa Sámara im Norden und Golfito im Süden. Und der Norden der Pazifikküste ist das neue Zuhause nordamerikanischer Senioren.

PRAKTISCHE HINWEISE

(mit Buchungsmöglichkeit) bei *www.hostelworld.com/hostels/Costa-Rica*. Die Übernachtungspreise variieren zwischen 10 und 20 US-$. Ein Verzeichnis der Jugendherbergen erhält man in San José im *Albergue Juvenil Toruma (Av. Central/C/ 29–31 | Tel. 22 34 81 86 | www.hosteltoruma.com)*.

WÄHRUNGSRECHNER

€	CRC	CRC	€
1	692,95	1000	1,40
2	1385,90	2000	2,81
3	2078,85	2500	3,51
4	2771,80	3000	4,21
5	3464,75	4000	5,61
6	4157,70	5000	7,02
7	4850,65	7000	9,82
8	5543,60	8000	11,23
9	6236,54	9000	12,63

KLIMA & REISEZEIT

Die Temperaturen sind das ganze Jahr über etwa gleich hoch, die Schankungen in den einzelnen Monaten sind gering. Im Hochland liegt die Durchschnittstemperatur um 22, an den Küsten bis 30 Grad. Eine Trockenzeit gibt es im Hochland und an der Pazifikseite von November bis April. Hauptsaison ist daher von Dezember bis April mit Spitzen zu Weihnachten und Ostern, regional auch im Juli und August. Costa Ricas Regenzeit reicht von Mai bis Oktober. In diesen Monaten regnet es meist nur am Nachmittag, dann jedoch heftig. In dieser Zeit ist es schwül, es sind weniger Touristen unterwegs. Insofern fallen dann die Preise und viele Hotels bieten Sonderangebote. An der Karibikseite müssen Sie auch während der Trockenzeit mit Regenschauern rechnen.

Tipps zur Reisezeit für Natur- und Tierliebhaber: Wale erreichen im Januar die Pazifikküste, viele Vögel brüten im März/April. Orchideen blühen im März, und Schildkröten schwimmen zwischen Juli und Oktober zur Eiablage an den Strand.

MIETWAGEN

Mietwagen gibt es ab ab 200–250 US-$ pro Woche (ohne Steuern und Versicherung), ein Range Rover kostet das Doppelte. Alle Mängel werden in eine Checkliste eingetragen, die Sie genau prüfen sollten; bei der Rückgabe werden gern Kratzer und Dellen berechnet. Empfehlenswert ist *Payless Rent a Car (Paseo Colón /Calles 36–38 | San José | Tel. 22 56 01 01 | www.paylesscr.com)*; weitere Büros am Flughafen, und in Liberia. *Adobe Cars (Tel. 25 42 48 00 | www.adobecar.com)* unterhält zehn Stationen, auch Wagen mit Allradantrieb. Wer ein Auto mietet, muss auch eine Reisegepäckversicherung abschließen. Unterwegs stellt man das Fahrzeug auf bewachten Parkplätzen ab. Diese „Bewachung" schützt zwar nicht immer vor Einbruch, aber die Versicherung zahlt dann zumindest den Schaden.

NATIONALPARKS

In Nationalparks und Schutzgebieten herrscht hohe Luftfeuchtigkeit und große Hitze. Multifunktionsbekleidung und gut eingelaufene Trekkingschuhe sind nötig. Wasser und gegebenenfalls ein Snack gehören ins Gepäck, da es in den Parks und Schutzgebieten höchstens am Eingang etwas zu kaufen gibt. Mit Regen kann immer gerechnet werden, eine leichte, wasserdichte Jacke ist also sinnvoll. Im Corcovado- und Tortuguero-Park sind *guides* obligatorisch, ansonsten können Sie selbst entscheiden, ob

Sie lieber allein und mit Plan durch die Wildnis streifen oder auf versteckte Tiere und besondere Pflanzen aufmerksam gemacht werden wollen. Die meisten Parks haben zwischen 7 und 15 Uhr geöffnet, der Eintritt für staatliche Parks liegt bei 15 US-$.

NOTRUF

Allgemeiner Notruf (Tel. 911 | auch auf Englisch). Rotes Kreuz (Tel. 128)

ÖFFENTLICHE VERKEHRSMITTEL

Busse fahren von San José in alle Orte und Landesteile. Sie sind äußerst preiswert, am Wochenende aber oft überfüllt. Die privaten Gesellschaften unterhalten eigene Bahnhöfe (in San José mehr als zehn), über deren Lage und Ziele ein Busplan (erhältlich beim ICT und in Hotels) Auskunft gibt. Für Fernverbindungen und Reisen am Wochenende kaufen Sie Tickets besser im Voraus. Das private Unternehmen INSIDER TIPP *Quality Transfers* (www.qualitytransferscr.com) verkehrt mit sechs- bis zwölfsitzigen Kleinbussen täglich in alle Touristenorte, auch von Hotel zu Hotel. Viele Fähren verkehren im Golf von Nicoya und über die Mündung des Río Tempisque. Im Süden wichtige Verbindung von Golfito nach Puerto Jiménez sowie Fährboot nach Rincón.

POST

Das Porto für Brief bzw. Postkarte mit Luftpost nach Europa betrug bei Redaktionsschluss 665 Colones.

SICHERHEIT

Costa Rico ist ein recht sicheres Reiseland. Von erhöhter Kriminalität sind hauptsächlich die Hauptstadt San José sowie Puerto Limón und Moín an der Karibikküste betroffen, wo es in den Abendstunden und dunklen Bezirken vermehrt zu bewaffneten Raubüberfällen kommt. Auch aufgrund der Ende 2018 verordneten Einsparungen und massiven Steuererhöhungen nehmen Armut und Arbeitslosigkeit zu, Kleinkriminalität und Autoeinbrüche steigen.

Gut reist, wer sich an folgende Tipps hält: In der Dunkelheit, vor allem nachts, nicht mit öffentlichen Bussen unterwegs sein. Zu Bankautomaten stets zu zweit gehen. Nur so viel Geld einstecken, wie man tagsüber braucht, den Rest im Hotelsafe lassen. Niemals Wertsachen und größeres Reisegepäck im Mietwagen lassen.

STROM

Netzspannung 110 Volt, US-Flachstecker

TAXI

Taxifahrten können in Costa Rica zum Anlass für Ärger werden, besonders in San José. Ist das Taxameter *(maría)* eingeschaltet – wie vorgeschrieben – dann ist die Fahrt recht billig; das ist jedoch eher selten. Mitunter schaltet der Fahrer nicht ein oder nicht neu ein, sodass ein vorheriger Betrag mitberechnet wird. Andere Varianten: Die *maría* ist manipuliert (am schnellen Ticken zu erkennen) oder es heißt, sie sei „kaputt". Die Ankündigung, einen Verkehrspolizisten *(tránsito)* zu rufen, hilft nur gelegentlich. Oft hilft die 50+-Regel: Ältere Fahrer haben ein höheres Maß an Ehrlichkeit.

TELEFON & HANDY

Die Vorwahl nach Costa Rica ist *00506*, von Costa Rica nach Deutschland *0049*,

PRAKTISCHE HINWEISE

nach Österreich *0043*, in die Schweiz *0041*.

Prepaid-SIM-Karten (Kölbi) für Touristen sind ab ab 3000 Colones erhältlich – am ICE-Schalter im Ankunftsbereich des Flughafens und in ICE-Geschäftsstellen. Die costa-ricanischen Netzanbieter Claro CR *(www.claro.cr)* und Movistar *(www.movistar.cr)* bieten SIM-Karten („chip") mit Gebühren ab 6 Cents/Min. ins costa-ricanische Festnetz, ab 8 Cents/Min. zu Handys.

TRINKGELD

In den Restaurants ist der Service bereits in der Rechnung enthalten, Costa-Ricaner geben meistens kein Trinkgeld; von Touristen wird es jedoch immer häufiger erwartet. Anhaltspunkt für Trinkgeld im Hotel: Zimmermädchen bekommen ungefähr 300 Colones pro Nacht, Gepäckträger 200 pro Gepäckstück.

WLAN

WLAN *(wifi)* gibt es mittlerweile in den meisten Hotels und Gästehäusern. Auch in vielen Cafés und Restaurants besteht die Möglichkeit, sich mit einem Passwort kostenfrei einzuloggen. In abgelegenen Regionen und während der Regenzeit ist der Zugang zeitweise gestört.

ZEIT

MEZ minus 7 Stunden, während der Sommerzeit in Europa minus 8 Stunden.

ZOLL

Bei der Einreise in Costa Rica sind 200 Zigaretten und 3 l alkoholische Getränke sowie Dinge für den persönlichen Bedarf zollfrei, bei Wiedereinreise in die EU unter anderem 200 Zigaretten, 1 l Spirituosen, 500 g Kaffee und Waren bis zum Wert von 430 Euro.

WETTER IN SAN JOSÉ

	Jan.	Feb.	März	April	Mai	Juni	Juli	Aug.	Sept.	Okt.	Nov.	Dez.
Tagestemperaturen in °C	24	24	26	27	27	27	26	26	27	26	25	24
Nachttemperaturen in °C	14	14	15	16	16	16	16	16	16	15	15	15
Sonnenschein Stunden/Tag	7	8	8	7	5	4	4	4	5	4	4	6
Niederschlag Tage/Monat	1	0	1	4	17	20	18	19	20	22	14	4

SPRACHFÜHRER SPANISCH

AUSSPRACHE

c	vor „e" und „i" stimmloser Lispellaut wie englisches „th"
ch	stimmloses „tsch" wie in „tschüss"
g	vor „e, i" wie deutsches „ch" in „Bach"
gue, gui/que, qui	das „u" ist stumm, wie deutsches „ge", „gi"/„ke", „ki"
j	immer wie deutsches „ch" in „Bach"
ll, y	wie deutsches „j"
ñ	wie deutsches „nj"

AUF EINEN BLICK

ja/nein/vielleicht	sí/no/quizás
bitte/danke	por favor/gracias
Hallo!/Auf Wiedersehen!/Tschüss!	¡Hola!/¡Adiós!/¡Hasta luego!
Gute(n) Morgen!/Tag!/Abend!/Nacht!	¡Buenos días!/¡Buenos días!/¡Buenas tardes!/¡Buenas noches!
Entschuldige!/Entschuldigen Sie!	¡Perdona!/¡Perdone!
Darf ich ...?	¿Puedo ...?
Wie bitte?	¿Cómo dice?
Ich heiße ...	Me llamo ...
Wie heißen Sie?/Wie heißt Du?	¿Cómo se llama usted?/¿Cómo te llamas?
Ich komme aus ...	Soy de ...
Deutschland/Österreich/Schweiz	Alemania/Austria/Suiza
Ich möchte .../Haben Sie ...?	Querría .../¿Tiene usted ...?
Wie viel kostet ...?	¿Cuánto cuesta ...?
Das gefällt mir (nicht).	Esto (no) me gusta.
gut/schlecht	bien/mal
kaputt/funktioniert nicht	roto/no funciona
zu viel/viel/wenig/alles/nichts	demasiado/mucho/poco/todo/nada
Hilfe!/Achtung!/Vorsicht!	¡Socorro!/¡Atención!/¡Cuidado!
Krankenwagen/Polizei/Feuerwehr	ambulancia/policía/bomberos
Darf ich hier fotografieren?	¿Podría fotografiar aquí?

DATUMS- & ZEITANGABEN

Montag/Dienstag/Mittwoch	lunes/martes/miércoles
Donnerstag/Freitag/Samstag	jueves/viernes/sábado
Sonntag/Werktag/Feiertag	domingo/laborable/festivo

¿Hablas español?

"Sprichst du Spanisch?" Dieser Sprachführer hilft Ihnen, die wichtigsten Wörter und Sätze auf Spanisch zu sagen

heute/morgen/gestern	hoy/mañana/ayer
Stunde/Minute/Sekunde/Augenblick	hora/minuto/segundo/momento
Tag/Nacht/Woche/Monat/Jahr	día/noche/semana/mes/año
jetzt/sofort/früher/später	ahora/enseguida/antes/después
Wie viel Uhr ist es?	¿Qué hora es?
Es ist drei Uhr./Es ist halb vier.	Son las tres./Son las tres y media.
Viertel vor vier/Viertel nach vier	cuatro menos cuarto/cuatro y cuarto

UNTERWEGS

offen/geschlossen/Öffnungszeiten	abierto/cerrado/horario
Eingang/Einfahrt/Ausgang/Ausfahrt	entrada/acceso/salida/salida
Abfahrt/Abflug/Ankunft	salida/salida/llegada
Toiletten/Damen/Herren	aseos/señoras/caballeros
frei/besetzt	libre/ocupado
(kein) Trinkwasser	agua (no) potable
Wo ist ...? /Wo sind ...?	¿Dónde está ...? /¿Dónde están ...?
links/rechts	izquierda/derecha
geradeaus/zurück	recto/atrás
nah/weit	cerca/lejos
Ampel/Ecke/Kreuzung	semáforo/esquina/cruce
Bus/Straßenbahn/U-Bahn/Taxi	autobús/tranvía/metro/taxi
Haltestelle/Taxistand	parada/parada de taxis
Parkplatz/Parkhaus	parking/garaje
Stadtplan/(Land-)Karte	plano de la ciudad/mapa
Bahnhof/Hafen/Flughafen	estación/puerto/aeropuerto
Fähre/Anleger	transbordador/muelle
Fahrplan/Fahrschein/Zuschlag	horario/billete/suplemento
einfach/hin und zurück	sencillo/ida y vuelta
Zug/Gleis/Bahnsteig	tren/vía/andén
Verspätung/Streik	retraso/huelga
Ich möchte ... mieten.	Querría ... alquilar.
ein Auto/ein Fahrrad/ein Boot	un coche/una bicicleta/un barco
Tankstelle/Benzin/Diesel	gasolinera/gasolina/diesel
Panne/Werkstatt	avería/taller

ESSEN & TRINKEN

Reservieren Sie uns bitte für heute Abend einen Tisch für vier Personen.	Resérvenos, por favor, una mesa para cuatro personas para hoy por la noche.
auf der Terrasse/am Fenster	en la terraza/junto a la ventana
Die Speisekarte, bitte!	¡El menú, por favor!

Könnten Sie mir bitte ... bringen?	¿Podría traerme ... por favor?
Flasche/Karaffe/Glas	botella/jarra/vaso
Messer/Gabel/Löffel	cuchillo/tenedor/cuchara
Salz/Pfeffer/Zucker	sal/pimienta/azúcar
Essig/Öl/Milch/Zitrone	vinagre/aceite/leche/limón
kalt/versalzen/nicht gar	frío/demasiado salado/sin hacer
mit/ohne Eis/Kohlensäure	con/sin hielo/gas
Vegetarier/Vegetarierin/Allergie	vegetariano/vegetariana/alergía
Ich möchte zahlen, bitte.	Querría pagar, por favor.
Rechnung/Quittung/Trinkgeld	cuenta/recibo/propina

EINKAUFEN

Apotheke/Drogerie	farmacia/droguería
Bäckerei/Markt	panadería/mercado
Metzgerei/Fischgeschäft	carnicería/pescadería
Einkaufszentrum/Kaufhaus	centro comercial/grandes almacenes
Geschäft/Supermarkt/Kiosk	tienda/supermercado/quiosco
100 Gramm/1 Kilo	cien gramos/un kilo
teuer/billig/Preis	caro/barato/precio
mehr/weniger	más/menos
aus biologischem Anbau	de cultivo ecológico

ÜBERNACHTEN

Ich habe ein Zimmer reserviert.	He reservado una habitación.
Haben Sie noch ...?	¿Tiene todavía ...?
Einzelzimmer/Doppelzimmer	habitación individual/habitación doble
Frühstück/Halbpension/Vollpension	desayuno/media pensión/pensión completa
nach vorne/zum Meer/zum Garten	hacia delante/hacia el mar/hacia el jardín
Dusche/Bad	ducha/baño
Balkon/Terrasse	balcón/terraza
Schlüssel/Zimmerkarte	llave/tarjeta
Gepäck/Koffer/Tasche	equipaje/maleta/bolso
Schwimmbad/Spa/Sauna	piscina/spa/sauna
Seife/Toilettenpapier/Windel	jabón/papel higiénico/pañal
Babybett/Kinderstuhl/wickeln	cuna/trona/cambiar los pañales
Anzahlung/Kaution	anticipo/caución

BANKEN & GELD

Bank/Geldautomat/Geheimzahl	banco/cajero automático/número secreto
bar/Kreditkarte	en efectivo/tarjeta de crédito
Banknote/Münze/Wechselgeld	billete/moneda/cambio

SPRACHFÜHRER

GESUNDHEIT

Arzt/Zahnarzt/Kinderarzt	médico/dentista/pediatra
Krankenhaus/Notfallpraxis	hospital/urgencias
Fieber/Schmerzen/entzündet/verletzt	fiebre/dolor/inflamado/herido
Durchfall/Übelkeit/Sonnenbrand	diarrea/náusea/quemadura de sol
Pflaster/Verband/Salbe/Creme	tirita/vendaje/pomada/crema
Schmerzmittel/Tablette/Zäpfchen	calmante/comprimido/supositorio

TELEKOMMUNIKATION & MEDIEN

Briefmarke/Brief/Postkarte	sello/carta/postal
Ich brauche eine Telefonkarte.	Necesito una tarjeta telefónica.
Ich suche eine Prepaidkarte für mein Handy.	Busco una tarjeta prepago para mi móvil.
Wo finde ich einen Internetzugang?	¿Dónde encuentro un acceso a internet?
wählen/Verbindung/besetzt	marcar/conexión/ocupado
Steckdose/Adapter/Ladegerät	enchufe/adaptador/cargador
Computer/Batterie/Akku	ordenador/batería/batería recargable
E-Mail(-Adresse)/At-Zeichen	(dirección de) correo electrónico/arroba
Internetadresse (URL)	dirección de internet
Internetanschluss/WLAN	conexión a internet/wifi
Datei/ausdrucken	archivo/imprimir

FREIZEIT, SPORT & STRAND

Strand/Sonnenschirm/Liegestuhl	playa/sombrilla/tumbona
Ebbe/Flut/Strömung	marea baja/marea alta/corriente
Seilbahn/Sessellift	funicular/telesilla

ZAHLEN

0	cero	14	catorce
1	un, uno, una	15	quince
2	dos	16	dieciséis
3	tres	17	diecisiete
4	cuatro	18	dieciocho
5	cinco	19	diecinueve
6	seis	20	veinte
7	siete	100	cien, ciento
8	ocho	200	doscientos, doscientas
9	nueve	1000	mil
10	diez	2000	dos mil
11	once	10 000	diez mil
12	doce	1/2	medio
13	trece	1/4	un cuarto

REISEATLAS

■ Verlauf der Erlebnistour „Perfekt im Überblick"
■ Verlauf der Erlebnistouren

Der Gesamtverlauf aller Touren ist auch in der herausnehmbaren Faltkarte eingetragen

Bild: Strand am Nationalpark Manuel Antonio

Unterwegs in Costa Rica

Die Seiteneinteilung für den Reiseatlas finden Sie auf dem hinteren Umschlag dieses Reiseführers

A
B
C
1
2
3
4
5
6
Escamea
San Antonio
Monte Verde
Blancas
Colpachi
La Flor
El Ostional
440
El Tigre
La Virgen
La Garita
La Cruz
Refugio Nacional de Fauna Silvestre Isla Bolaños
Isla Bolaños
Puerto Soley
Santa Cecilia
PLAYA POCHOTES
Las Pilas
Soley
Mesas
Hacienda Inocentes
Brasilia
Río Las Haciendas
El Hacha
Volcán Orosí
1487
Río Sapoá
PLAYA MOSTRENCAL
PLAYA CUAJINIQUIL
Golfo de Santa Elena
Santa Rita
EL Hacha
Cuajiniquil
Parque Nacional Guanacaste
Cerro Cacao
1659
Cordillera
711
Península Santa Elena
Colonia Dos Ríos
Cabo Santa Elena
Islas Murciélagos
PLAYAS COLORADAS
Parque Nacional Santa Rosa
319
Hacienda Santa Rosa
Battle of Santa Rosa March 20th,1856
García Flamenco
Volcán Rincón de la Vieja
1895
Potrerillos
Pital
Parque Nacional Rincón de la Vieja
Hacienda Rincón de la Vieja
Hda. Guachipelún
PLAYA NANCITE
PLAYA NARANJO
Hacienda Los Ahogados
Cañas Dulces
Irigaray
Curubande
Golfo de Papagayo
Río Tempisque
Colorado
Río Salto
Nacascolo
Hacienda Culebra
Cereceda
Liberia
Guana
PLAYA PANAMA
Puerto Culebra
Santa Ana
Aeropuerto Tomás Guardia
PLAYA HERMOSA
Panamá
PLAYA DEL COCO
Guardia
Hacienda San Jerónimo
PLAYA EL OCOTAL
Comunidad
Hda. El Real
Río Liberia
Pijije
Punta Zapotal
El Coco
Artola
Sardinal
Palmira
Paso de Tempisque
Reserva Biológica Lomas Barbudal
Hacienda Las Ciruelas
Zapotal
PLAYA PAN DE AZUCAR
Nuevo Colón
San Blas
Hacienda Asientillo
PLAYA LA PENCA
PLAYA POTRERO
Potrero
Filadelfia
Cerro Guachipelín
550
Planes
PLAYA FLAMINGO
PLAYA BRASILITO
Tempate
Guinea
PLAYA CONCHAL
Brasilito
Santa Ana
Belén
Las Palmas
Playa Real
Cartagena
Corralillo
Cabo Velas
Huacas
Coyolito
Matapalo
Salinas
Ortega
Bolsón
Parque Nacional Marino Las Baulas
Portegolpe
Río Cañas
Hda. Palo Verde
Zona Protectora Las Baulas
Bernabela
P. GRANDE
Villareal
Hatillo
Río Cañas
Talolinga
Rosario
Puerto Humo
P. TAMARINDO
Tamarindo
Ref. Nac. de Vida Silvestre Tamarindo
Limón
Santa Bárbara
Oriente
Pozo de Agua
Calmito
Chirco
San Lazaro
San José Pinilla
Cañafistula
Lagunilla
Santa Cruz
Guaitil
Zapote
PLAYA LANGOSTA
Cebadilla
Veintisiete de Abril
508
Diriá
Chira
Caballito
Chumico
354
PLAYA AVELLANA
Icacal
Río Diriá
Corralillo
Ceiba Mocha
Arado
San Juan
San Antonio
Parque Nacional Barra Honda
Río Seco
Paraíso
Bosque Nacional Diriá
Sabana Grande
Piave
Matamba
Retallano
Oriente
Nacaome
Junquillal
PLAYA JUNQUILLAL
San Martín
Santa Ana
Florida
983
Cabeceras
Nicoya
Reserva Indígena Matambú
Boca Le
PLAYA LAGARTO
Lagarto
Bolillos
Quirimán
600
PLAYA MANZANILLO
Marbella
Alemania
Vista al Mar (Cenzosa)
Lajas
Dulce Nombre
Mansión
Palmares
Península de Nicoya
Caimital
Río Mo
PLAYA COCO
Iguanita
Cuajiniquil
Hojancha
PLAYA AZUL
Jazmínal
Guastomatal
Las Huacas
San Juanillo
Limonal
Pilangosta
Las Huacas
Pilas Blancas
San Rafael
Zapotal
PLAYA OSTIONAL
El Ostional
Nosara
Río Nosara
Lajas
Monte Romo
Refugio Nacional de Vida Silvestre Ostional
Naranjalito
Maquenco
Altos de Socorro
San Ramón
10 km
6.21 mi
PLAYA NOSARA
PLAYA PELADA
Esperanza Sur
Terciopelo
Santa María
Río Ora
Primavera
Buenos Aires
PLAYA GUIONES
Garza
Esterones
San Pedro
Punta Guiones
Sámara
Estrada
San Gab
PLAYA GARZA
Puerto Carrillo
Corazalito
SÁMARA
Bejuco

123

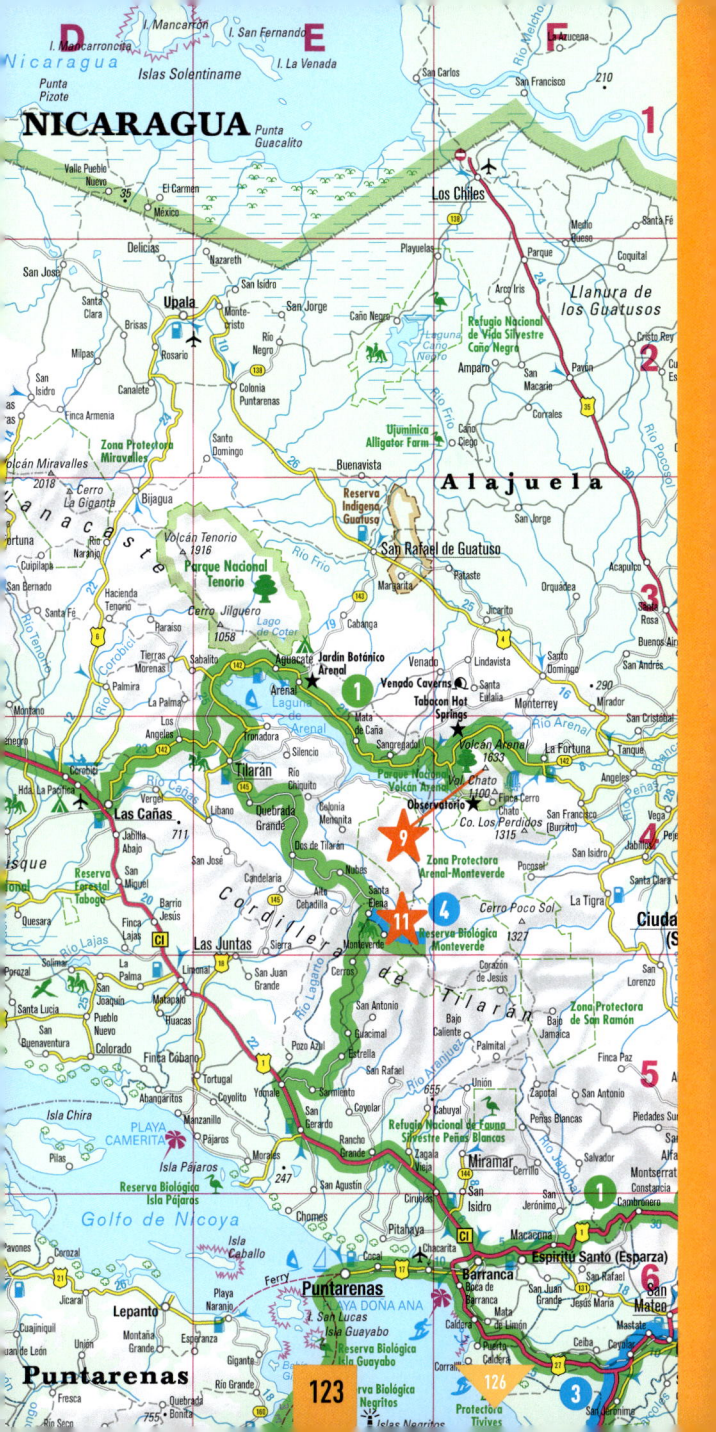

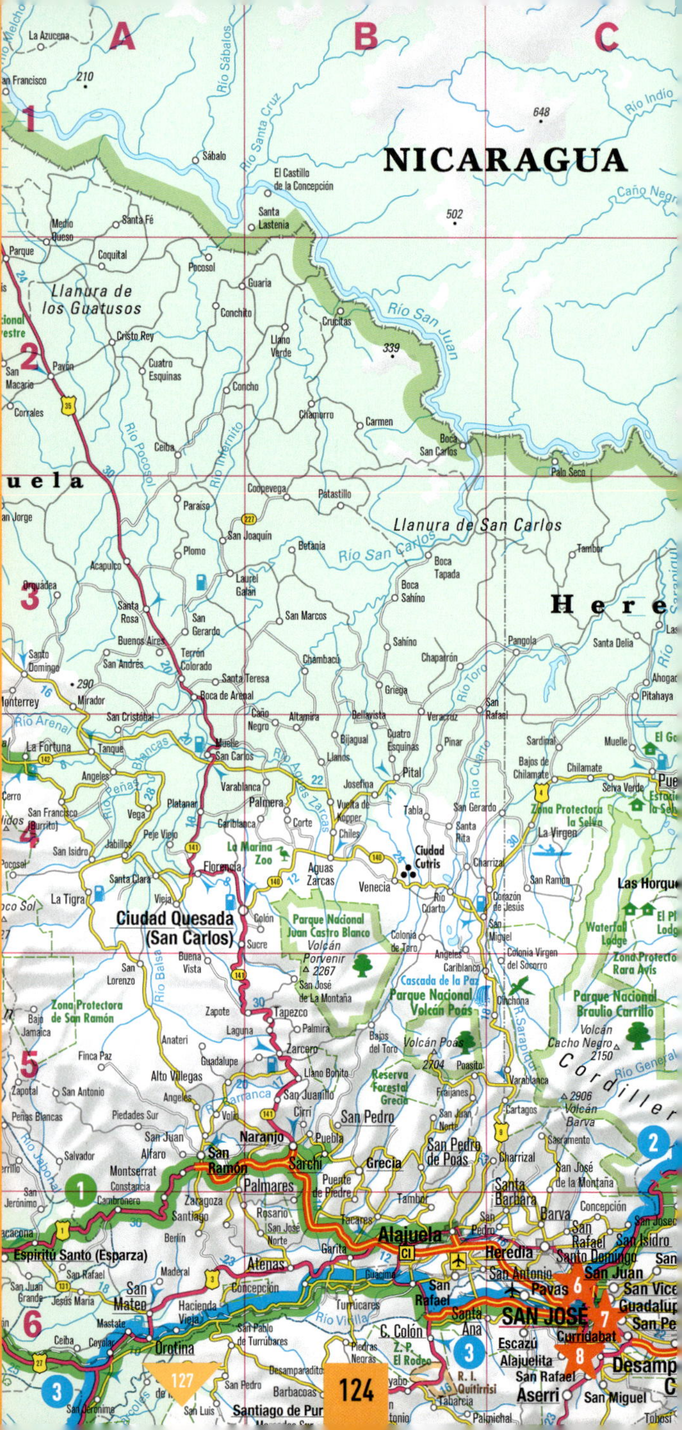
A
B
C
1
2
3
4
5
6
NICARAGUA
La Azucena
San Francisco
210
Río Sábalos
Río Santa Cruz
648
Río Indio
Sábalo
El Castillo de la Concepción
Caño Negro
Santa Lastenia
502
Medio Queso
Santa Fé
Parque
Coquital
Pocosol
Guaria
Llanura de los Guatusos
Conchito
Crucitas
Río San Juan
Cristo Rey
Llano Verde
339
Pavón
San Macario
Cuatro Esquinas
Concho
Corrales
Chamorro
Carmen
Río Pocosol
Río Infiernito
Ceiba
Boca San Carlos
Palo Seco
u e l a
Coopevega
Patastillo
Paraíso
San Jorge
Llanura de San Carlos
San Joaquín
Plomo
Betania
Río San Carlos
Tambor
Acapulco
Boca Tapada
Orquádea
Laurel Galán
Boca Sahíno
Santa Rosa
San Gerardo
San Marcos
H e r e
Buenos Aires
Sahíno
Pangola
Santa Delia
Santo Domingo
San Andrés
Terrón Colorado
Chambacú
Chaparrón
290
Santa Teresa
Griega
Río Toro
Ahogad
Monterrey
Mirador
Boca de Arenal
San Rafael
Pitahaya
Río Arenal
San Cristóbal
Caño Negro
Altamira
Bellavista
Veracruz
La Fortuna
Tanque
Muelle San Carlos
Bijagual
Cuatro Esquinas
Pinar
Sardinal
Muelle
Río Peñas Blancas
Río Aguas Zarcas
Llanos
Pital
Bajos de Chilamate
Chilamate
Angeles
Varablanca
Josefina
Río Cuarto
Selva Verde
Cerro
San Francisco (Burrito)
Vega
Platanar
Palmera
Vuelta de Kopper
Tabla
San Gerardo
Zona Protectora la Selva
Corte
Chiles
Santa Rita
La Virgen
Peje Viejo
Carriblanca
San Isidro
Jabillos
La Marina Zoo
Ciudad Cutris
Charrizal
Pocosol
Florencia
Aguas Zarcas
Santa Clara
Venecia
San Ramón
Las Horque
La Tigra
Vieja
Río Cuarto
Corazón de Jesús
Ciudad Quesada (San Carlos)
Colón
Parque Nacional Juan Castro Blanco
Volcán Porvenir
2267
Colonia de Toro
San Miguel
Waterfall Lodge
Sucre
Buena Vista
Angeles
Colonia Virgen del Socorro
Zona Protectora Rara Avis
San Lorenzo
Carriblanco
San José de La Montaña
Cascada de la Paz
Parque Nacional Volcán Poás
Chichona
Parque Nacional Braulio Carrillo
Río Balsa
Zona Protectora de San Ramón
Zapote
Tapezco
Bajo Jamaica
Laguna
Palmira
Volcán Cacho Negro
2150
Anateri
Zarcero
Bajos del Toro
Volcán Poás
Cordiller
Finca Paz
Guadalupe
2704
Poasito
Río General
Alto Villegas
Llano Bonito
Reserva Forestal Grecia
Varablanca
Zapotal
San Antonio
Angeles
San Juanillo
Fraijanes
2906
Volcán Barva
Peñas Blancas
Piedades Sur
Volio
Cirri
San Pedro
San Juan Norte
Cartagos
San Juan
Naranjo
Puebla
Alfaro
Sacramento
Salvador
San Ramón
Sarchí
San Pedro de Poás
Montserrat
Constancia
Grecia
Charrizal
San José de la Montaña
San Jerónimo
Cambronero
Palmares
Puente de Piedra
Santa Bárbara
Zaragoza
Tambor
Barva
Concepción
Santiago
Rosario
Tacares
San Pedro
San Josecito
San José Norte
Alajuela
San Rafael
San Isidro
Caldera
Berlín
Garita
Heredia
Santo Domingo
Espíritu Santo (Esparza)
Maderal
Atenas
Guácima
San Antonio
San Juan
San Rafael
San Juan Grande
Jesús María
San Mateo
Concepción
San Rafael
Pavas
San Vice
Guadalup
Hacienda Vieja
Turrucares
Santa Ana
SAN JOSÉ
San Pe
Mastate
Río Virilla
C. Colón
Escazú
Curridabat
Ceiba
Coyolar
Orotina
San Pablo de Turrubares
Piedras Negras
Z. P. El Rodeo
Alajuelita
Desamp
Desamparadito
R.I. Quitirrisí
San Rafael
San Pedro
Barbacoas
Aserrí
San Miguel
San Jerónimo
San Luis
Santiago de Pur
Tabarcia
Palmichal
Tobosi
127

D
E
F
1
2
3
4
5
6
10 km
6.21 mi
Mar Caribe
Boca del San Juan
San Juan del Norte
Punta Castilla
Delta de San Juan
Río San Juan
Boca Río Colorado
Barra del Colorado
Río Colorado
Río Chirripó
Refugio Nacional de Fauna Silvestre Barra del Colorado
Cerro Tortuguero 119
Boca Río Tortuguero
Turtle Research Station
Zona Protectora Tortuguero
Llanura de Tortuguero
Tortuguero
Río Suerte
Canta Gallo
Encina
Zacatales
Cuatro Esquinas
Palmitas
Hacienda Suerte (Suarez)
Porvenir
Carolina
Tica
Parque Nacional Tortuguero
334
Maravilla
Suerte
Millón
Campo Cinco
Cariari
Griega
Curia
Esperanza
Zancudo
Banamola
Astua Pirie
Roxana Tres
Limón
Canal de Tortuguero
Teresa
Río Jiménez
Parismina
San Antonio
Villa Franca
Rita
Roxana
Irlanda
Golden Grove
San Luis
Río Reventazón
San Rafael
Curva
Anita Grande
Río Jiménez
Río Parismina
Guápiles
Guácimo
Patricia
Jiménez
Mercedes
Peje
Carmen
Río Pacuare
Perla
Pococí
Germania
San Alberto Nuevo
Manila
Zona Protectora Acuíferos Guácimo y Pococí
Herediana
Cairo
Sara
Santa Marta
Cuatro Millas
Reserva Forestal Matina
Siquirres
Pacuarito
Veintiocho Millas
Batán
Matina
Punta de Riel
San Valentín
Florida
Reserva Forestal Cordillera Volcánica Central
Río Toro Amarillo
Lomas
Moravia
Estrada
Bajos de Bonilla
Pascua
Zona Protectora Río Pacuare
Línea B
Zent
Strafford
Volcán Turrialba 3329
Bonilla Arriba
Guayacán
Reserva Indígena Barbilla-Dantas
Río Cuba
Volcán Irazú 3432
Guayabo Arriba
Lajas
Linda Vista
Corina
Santa Cruz
Peralta
Monumento Nacional Guayabo
Tres Equis
Playa Hermosa
Zona Protectora Barbilla
Río Chirripó
San Juan de Chicuá
Santa Rosa
Chitaría
Cerro Tigre 1617
Pacayas
Capellades
Turrialba
CATIE
Cipreses
Cervantes
Juan Viñas
Pavones
Estabón
Cabeza Buey
San Rafael
Paraíso
Santiago
Tucurrique
La Suiza
Bajo Pacuare
Moravia de Chirripó
Ujarrás
Cachí
Atirro
Tuis
128
Limón

Map: Puntarenas region and Isla del Coco

Grid A / Row 1
- Zapote, de Agua, Porozal
- Caballito, 354, Santa Lucia, La Palma
- Corralillo, Pueblo Nuevo, Matapalo, Huacas
- Parque Nacional, Millal, San Buenaventura, Colorado, Finca Cóbano
- Barra Honda, Quebrada Honda, Abangaritos, Tortugal, Coyolito
- Santa Ana, Matambu, Nacaome, Copal
- Reserva Indígena Matambu, Mansión, Boca Letras
- Rio Morote, Puerto Jesús, Lomital
- Isla Chira, PLAYA CAMERITA, Manzanillo, Pájaros
- Pilas, Isla Pájaros, Moraes, 247
- Reserva Biológica Isla Pájaros

Grid B / Row 1
- San Juan Grande, Cerro, San Antonio
- Río Lagarto, Pozo Azul, Guacimal, Estrella, San Rafael, Sarmiento
- San Gerardo, Rancho, Refugio
- Chomes, San Agustín, Pitahay

Grid A / Row 2
- ancha, Pilangosta, San Rafael, Las Huacas, Las Huacas, Santa Rita, Carmona
- Altos de Socorro, Zapotal, Monte Romo, San Ramón, San Pablo, Pavones
- Santa María, Cerro Azul, Cerro Azul, San Pedro, San Gabriel, Canjel, Corozal
- Estrada, Corazalito, Bejuco, Millal, Zapote, Jicaral, Montaña Grande, Unión, Esperanza
- Carrillo, Jabilla, Río Bongo, Juan de León, Río Seco, Quebrada Bonita, 755, Guadalupe
- Río Juan, Río Ario, Guaria, San Rafael, Rio Grande, Vainilla, Pachanaga
- Golfo de Nicoya, Isla Caballo, Playa Naranjo, Lepanto, Giganta, Bahia Gigante
- Ferry, PLAYA DOÑA AN., Puntarenas, I. San Lucas, Isla Guayabo, Reserva Biológica Isla Guayabo, Isla Cedros, Reserva Biológica Islas Negritos, Punta Coral, Islas N

Grid / Row 3
- PLAYA BEJUCO, PLAYA SAN MIGUEL, Punta Coyote, PLAYA COYOTE, PLAYA CALETAS
- Caletas, San Francisco de Coyote, Bajos de Ario, Manzanillo, Ario, Santiago
- PLAYA BONGO, PLAYA ARIO, PLAYA MANZANILLO, PLAYA SANTA TERESA
- Santa Fé, Pachanaga, Cóbano, Tacotales, Tambor, Montezuma, Malpaís
- PLAYA POCHOTE, PLAYA TAMBOR, Paquera, Islas Tortugas, Refugio de Fauna Silvestre Curú
- Cuntú, PLAYA COCALITO, PLAYA HEF
- Cabuya, PLAYA COCAL, PLAYA MONTEZUMA

Row 4
- Cabo Blanco, Reserva Natural Absoluta Cabo Blanco
- Isla Cabo Blanco, PLAYA BALSITAS

Isla del Coco (Row 5–6)
- 2 km / 1.24 mi
- Isla Manuelita
- Punta Aguas, Bahía Chatham
- Isla del Coco
- Bahía Wafer
- Cabo Barreto
- Parque Nacional Isla del Coco
- Cerro Yglesias 634
- Cerro Jesús Jiménez 430
- Cabo Atrevida
- Cabo Lionel
- Cabo Dampier
- OCÉA[NO]

123

126

124

D
E
F
1
2
3
4
5
6
Zona Protectora de San Ramón
Parque Nacional Volcán Poás
Cascada de la Paz
Parque Nacional Braulio Carrillo
Zona Protectora Rara Avis
Volcán Cacho Negro 2150
Cordillera
2906 Volcán Barva
Volcán Poás 2704
Reserva Forestal Grecia
Tapezco
Zarcero
Laguna
Palmira
Llano Bonito
San Juanillo
Cirri
Naranjo
San Ramón
Sarchí
Grecia
San Pedro
San Pedro de Poás
Palmares
Puente de Piedra
Tambor
Alajuela
Heredia
Santa Bárbara
Barva
San Rafael
Santo Domingo
San Isidro
San Juan
Concepción
Fraijanes
Poasito
Varablanca
Cartagos
Sacramento
Charrizal
San José de la Montaña
Bajos del Toro
Zapote
Guadalupe
Alto Villegas
Angeles
Volio
Anateri
Finca Paz
San Antonio
Zapotal
Peñas Blancas
Piedades Sur
San Juan
Alfaro
Salvador
Montserrat
Constancia
Cambronero
Zaragoza
Santiago
Rosario
San José Norte
Berlín
Tacares
Garita
Atenas
Maderal
Concepción
Espíritu Santo (Esparza)
San Rafael
San Juan Grande
Jesús María
San Mateo
Hacienda Vieja
Mastate
Ceiba
Cuyolar
Orotina
Guácima
Turrúcares
San Rafael
Río Virilla
Santa Ana
San Antonio
Pavas
SAN JOSÉ
Escazú
Alajuelita
San Rafael
Aserrí
San Miguel
Desamparados
Curridabat
Guadalupe
San Vicente
C. Colón
Z. P. El Rodeo
R. I. Quitirrisí
Tabarcia
Palmichal
Guayabo
Piedras Negras
Desamparaditos
Barbacoas
San Pablo de Turrúcares
San Pedro
San Juan de Mata
San Jerónimo
San Luis
Santiago de Puriscal
Mercedes Sur
San Antonio
Santa Marta
Floralia
Guaitil
San Ignacio de Acosta
Vuelta de Jorco
Jorco
Tarbaca
Rosario
Corralillo
San Gabriel
Frailes
Cerro Turrubares 1756
Carara
Jilguera
Candelarita
Salitrales
Masatal
Reserva Biológica Carara
Zona Protectora La Cangreja
Túfares
Teruel
R. Grande de Candelaria
Cangrejal
Llano Bonito
Sabanillas
Monterrey
2506
San Andrés
San Pablo de León Cortés
San Isidro
San Marcos de Tarrazú
Santa Cruz
Tárcoles
Bijagual
Delicias
Quebrada Ganado
Herradura
Jacó
San Gabriel
Río Tulín
Concepción
Reserva Indígena Zapatón
San José
Caspirola
San Vicente
Río Parrita
San Rafael Arriba
2115 Cerro San Jerónimo
San Carlos
San Lorenzo
Gloria
San Isidro
Gamalotillo
Mesas
Fila Surubres
Tulín
Pochotal
Quebrada Amarilla
Finca Rancho Nuevo
Vista al Mar
Puntarenas
Porvenir
San Rafael Norte
Valle de Parrita
Finca La Palma
Julieta
Parrita
Esterillos Oeste
Esterillos Este
Punta Judas
Damas
San Rafael
Cerritos
Cotos
Naranjito
Río Naranjo
Cerro Nara 1018
Esquipulas
Ríos
Paquita
Quepos
Finca Bartolo
Londres
Manuel Antonio
Pastora
Savegre
Parque Nacional Manuel Antonio
Santo Domingo
PLAYA ESTERILLOS OESTE
PLAYA ESTERILLOS ESTE
PLAYA PALMA
PLAYAS MANUEL ANTONIO
PLAYA SAVEGRE
PLAYA MATAPALO
PACIFICO
10 km
6.21 mi

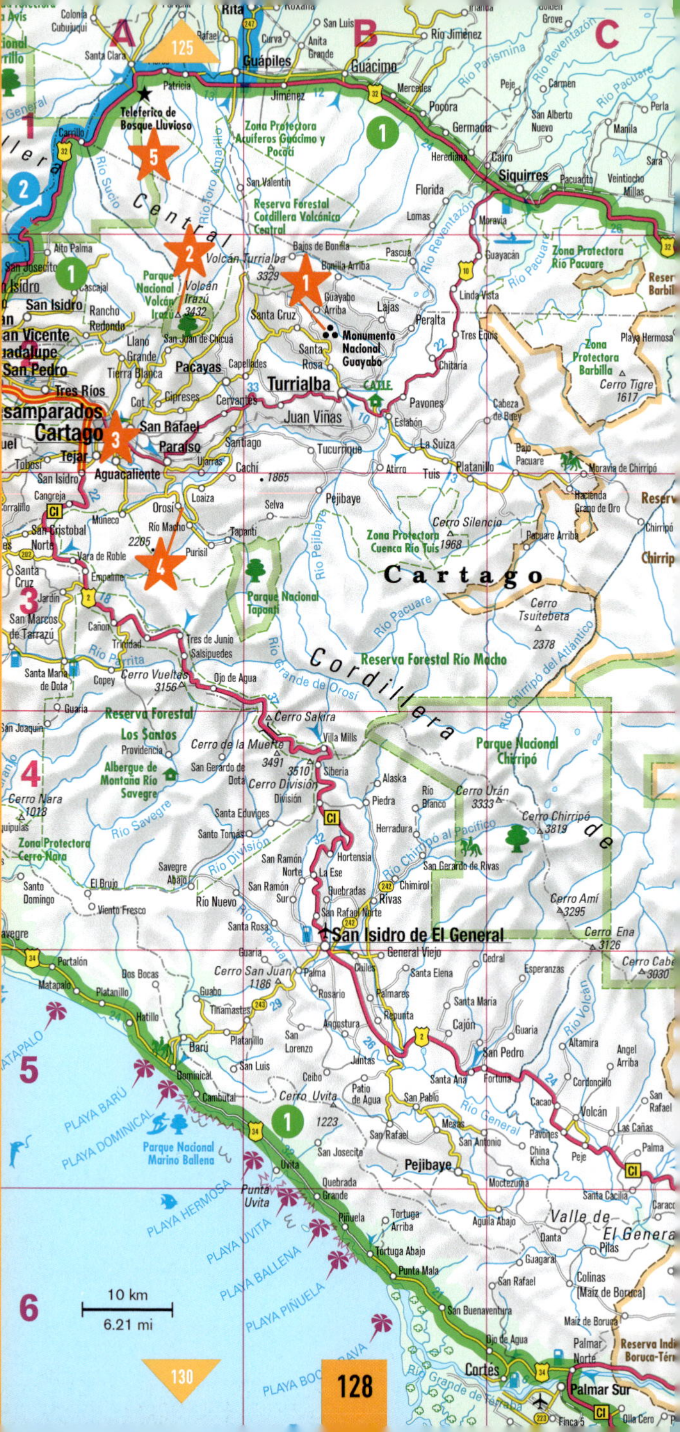

A
B
C
1
2
3
4
5
6
125
130
Rita
Colonia
Cubujuquí
Rafael
Santa Clara
Guápiles
Curva
San Luis
Anita Grande
Guácimo
Río Jiménez
Grove
Río Parismina
Río Reventazón
Río Pacuare
Patricia
Jiménez
Mercedes
Peje
Carmen
Perla
Teleférico de Bosque Lluvioso
Carrillo
Zona Protectora Acuíferos Guácimo y Pococí
Pocora
Germania
San Alberto Nuevo
Manila
Río Sucio
Río Toro Amarillo
Cordillera Central
San Valentín
Reserva Forestal Cordillera Volcánica Central
Herediana
Cairo
Siquirres
Pacuarito
Veintiocho Millas
Sara
Florida
Lomas
Moravia
Alto Palma
San Josecito
San Isidro
Volcán Turrialba 3329
Bajos de Bonilla
Bonilla Arriba
Pascua
Guayacán
Zona Protectora Río Pacuare
Parque Nacional Volcán Irazú
Volcán Irazú 3432
Cascajal
Rancho Redondo
San Vicente
Guadalupe
San Pedro
Guayabo Arriba
Lajas
Linda Vista
Santa Cruz
Monumento Nacional Guayabo
Peralta
Tres Equis
Playa Hermosa
San Juan de Chicuá
Llano Grande
Tierra Blanca
Pacayas
Capellades
Santa Rosa
Turrialba
Chitaria
Zona Protectora Barbilla
Cerro Tigre 1617
Tres Ríos
Desamparados
Cartago
Cot
Cipreses
Cervantes
Juan Viñas
CATIE
Pavones
Cabeza de Buey
San Rafael
Paraíso
Santiago
Eslabón
La Suiza
Tejar
Tobosi
Aguacaliente
Ujarrás
Tucurrique
Bajo Pacuare
Moravia de Chirripó
Cachí
1865
Atirro
Tuis
Platanillo
San Isidro
Cangreja
Loaiza
Pejibaye
Hacienda Grano de Oro
Orosí
Selva
Cerro Silencio
Muneco
Río Macho
Tapantí
Zona Protectora Cuenca Río Tuis
1968
Pacuare Arriba
Chirripó
San Cristobal Norte
2205
Purisil
Vara de Roble
Santa Cruz
Empalme
Río Pejibaye
Cartago
Jardín
San Marcos de Tarrazú
Parque Nacional Tapantí
Río Pacuare
Cerro Tsuitebeta 2378
Cañón
Trinidad
Tres de Junio
Salsipuedes
Río Parrita
Santa María de Dota
Copey
Cerro Vueltas 3156
Ojo de Agua
Río Grande de Orosí
Cordillera
Reserva Forestal Río Macho
Río Chirripó del Atlántico
Guaria
San Joaquín
Reserva Forestal Los Santos
Providencia
Cerro Sakira
Villa Mills
Parque Nacional Chirripó
Albergue de Montaña Río Savegre
San Gerardo de Dota
Cerro de la Muerte 3491
3510
Siberia
Cerro División
División
Alaska
Río Blanco
Cerro Urán 3333
Cerro Nara 1018
Quipulas
Río Savegre
Santa Eduviges
Piedra
Cerro Chirripó 3819
de
Santo Tomás
Herradura
Zona Protectora Cerro Nara
Río División
Hortensia
Río Chirripó al Pacífico
Savegre Abajo
San Ramón Norte
La Ese
San Gerardo de Rivas
Santo Domingo
El Brujo
San Ramón Sur
Quebradas
Chimirol
Rivas
Viento Fresco
Río Nuevo
San Rafael Norte
Cerro Amí 3295
Río Pacuar
Santa Rosa
San Isidro de El General
Cerro Ena 3126
Savegre
Guaria
General Viejo
Portalón
Cerro San Juan 1186
Palma
Chiles
Cedral
Esperanzas
Cerro Cabeza 3030
Dos Bocas
Rosario
Santa Elena
Matapalo
Platanillo
Guabo
Tinamaste
Palmares
Santa María
Río Volcán
Hatillo
Repunta
Cajón
Guaria
Matapalo
Platanillo
Angostura
San Lorenzo
San Pedro
Altamira
Angel Arriba
Barú
Juntas
San Luis
Santa Ana
Fortuna
Cordoncillo
Dominical
Ceibo
Patio de Agua
Cacao
San Rafael
Playa Barú
Cambutal
Cerro Uvita 1223
San Pablo
Río General
Volcán
Las Cañas
Playa Dominical
Parque Nacional Marino Ballena
San Josecito
San Rafael
Mesas
San Antonio
Pavones
China Kicha
Peje
Palma
Uvita
Pejibaye
Moctezuma
Playa Hermosa
Punta Uvita
Quebrada Grande
Santa Cecilia
Caracol
Piñuela
Tortuga Arriba
Aguila Abajo
Valle de El General
Playa Uvita
Tortuga Abajo
Danta
Pilas
Playa Ballena
Punta Mala
Guagaral
Colinas (Maíz de Boruca)
San Rafael
Playa Piñuela
San Buenaventura
Maíz de Boruca
Ojo de Agua
Palmar Norte
Reserva Indígena Boruca-Térraba
Playa Bocabrava
Cortés
Río Grande de Térraba
Palmar Sur
Finca 5
Olla Cero
10 km
6.21 mi

D
E
F
1
2
3
4
5
6
Reserva Forestal Matina
Mar Caribe
Boca Río Matina
Punta de Riel
Boca del Pantano (Swamp Mouth)
Larga Distancia
PLAYA BONITA
Puerto Limón
15
Shipwreck Fenix
Isla Uvita
Columbus Landing September 18th, 1502
Búfalo
Portete
Liverpool
Moín
Sandoval
Pueblo Nuevo
Cieneguita
Río Blanco
Colonia Santa Rita
Westfalia
Beverly
Petróleo
Trébol
Río Banano
Bomba
Asunción
Aguas Zarcas
María Luisa
Bananito Norte
Zona Protectora Río Banano
Finca Banaga
Miramar
San Clemente
Aviaros del Caribe
Matama
Bonifacio
Penshurst
PLAYA CAHUITA
Porvenir
Punta Cahuita
Río Estrella
Finca 7
Guaria
Pandora
Cahuita
Puerto Vargas
Reserva Indígena Tayni
Vesta
Parque Nacional Cahuita
Dindiri
Carbón Dos
Comadre
Cuen
Valle de la Estrella
Refugio Nacional de Vida Silvestre Gandoca-Manzanillo
Reserva Biológica Hitoy Cerere
Valle de Las Rosas
Punta Caliente
Puerto Viejo de Talamanca
Cerro Dichíbeta 1420
Bribrí
Hotel Creek
Jardín Botánico Finca La Isla
Punta Uva
Punta Mona
Manzanillo
Río Telire
Uatsi
Fields
Olivia
Margarita
Reserva Indígena Telire
Reserva Indígena Talamanca
Shiroles
Sibube
Reserva Indígena Cocles
Gandoca
Valle de Talamanca
Sepeque
Suretka
Bratsi
Elena
Paraíso
San Miguel
Coroma
Yorkin
Río Sixaola
California
San José Cabécar
Río Coén
Amubri
Katsi
Daytonia
Sixaola
Barranco
Cerro Nimaso 1093
Bris
Kichuguecha
Namucki
Río Yorkín
Guabito
Isla Grande
Parque Internacional La Amistad
Alto Lari
Río Lari
Corina
Sukut
Purisqui
Río Teribé
Guachalaba
1877
Río Urén
Cerro Utyum 3078
Cerro Kamúk 3549
Reserva Forestal Palo Seco
Río Teribé
Reserva Indígena
Cerro Nai 3122
2475
Parque Internacional La Amistad
PANAMÁ
Cerro Aká 2259
Cabagra
Río Cabagra
Río Culubre
Cerro Fábegra 3336
Mosca
Bolas
Helechales
Cerro Echandi 3162
Guadalupe
Potrero Grande
Finca Colorado
Quijada
Naranjal
Ferry
Vueltas
Valle de Coto Brus
Zona Protectora Las Tablas
Alto Cacao
Coto Brus
Guacimo
Santa
Alturas
Santa Fé
Río Colón
Cerro Pando
Santa
Chánguena
Jabillo
R. Coto Brus
36
31
32
240
234
246
237
35
18
12
44
8
316

131

A

128

1

PLAYA S...
PLAYA APAL...
PLAYA BARÚ
PLAYA DOMINICAL
PLAYA HERMOSA
Parque Nacional Marino Ballena
Punta Uvita
PLAYA UVITA
PLAYA BALLENA
PLAYA PIÑUELA

Barú
Placanillo
Dominical
Cambutal

B

Lorenzo
San Luis
Ceibo
Cerro Uvita
1223
Uvita
Quebrada Grande
Piñuela
Tortuga Arriba
Tortuga Abajo
Punta Mala

1

Jintes
Santa Ana
Fortuna
San Pedro
Patio de Agua
San Pablo
Río General
Mejas
San Antonio
Cacao
Pavones
China Kicha
San Josecito
Pejibaye
Moctezuma
Aguila Abajo
Guagaral
Dantal

2

PLAYA BOCA BRAVA

Bahía de Coronado

San Buenaventura
Ojo de Agua
Cortés
Río Grande de Térraba
Cambar
Valle de Diquí
Río Sie...

3

PLAYA VIOLÍN
PLAYA GANADO
Reserva Biológica Isla del Caño
Isla del Caño
Stone Spheres
Bahía Drake
PLAYA SAN JOSECITO
Punta San Pedrillo
Estación Biológica Marenco
Aguitas
San Pedrillo

Potrero
Reserva Forestal Golfo Dulce
Drake
Rincón
Reserva Indígena Guaymí de Osa

4

Punta Llorona
PLAYA LLORONA
PLAYA CORCOVADO
PLAYA SIRENA
Punta Salsipuedes
PLAYA MADRIGAL

Parque Nacional Corcovado
Río Corcovado
Río Sirena
Laguna Corcovado
Los Patos
Sirena
Río Claro
Cerro Ri...
Madrigal
Península

5

OCÉANO PACÍFICO

6

10 km
6.21 mi

130

D
E
F
129
Parque Internacional La Amistad
PANAMÁ
1
2
3
4
5
6
Reserva Indígena Ujarrás-Salitre-Cabagra
Ujarrás
Río Ceibo
Salitre
Buenos Aires
Cabagra
Platanares
Río Cabagra
Florida
Animas
El Brujo
Bolas
Mosca
Térraba
Bijagual
Río General
San Antonio
Boruca
Paso Real
Guadalupe
Potrero Grande
Quijada
Ferry
Curré
Vueltas
Puerto Nuevo
Cajón
Alto Cacao
Guacimo
Chánguena
Santa Lucía
Pilón
Paraíso
Alto Angeles
Villa Colón
Puntarenas
Fila
Venecia
Cerro Naí 3122
3549
Cerro Aká 2259
Cerro Fábegra 3336
Cerro Bine 3204
Cerro Echandi 3162
Helechales
Naranjal
Finca Colorado
Valle de Coto Brus
Coto Brus
R. Coto Brus
Jabillo
Santa Cecilia
Bonanza
San Miguel
Sabanilla
Zona Protectora Las Tablas
Agua Caliente
Santa Elena
Santa Fé
Palmira
Alturas
Cerro Pando 2468
Río Colón
Fila Guinea
Poma
Flor de Roble
Lucha
Mellizas
Piedra Pintada
Río Negro
Bajo Reyes
Aguas Claras
San Vito
Río Sereno
Lourdes
Sabalito
Limoncito
Cerro Anguciana 1707
Río Limón
Reserva Indígena Guaymí de Coto Brus
Santa Clara
Linda Vista
Monte Lirio
Jardín Botánico Wilson
Copal
Río Chirriquí Viejo
Caisán Arriba
Agua Buena
Cañas Gordas
Plaza de Caisán
Cartago
Chacarita
Navidad
Piedras Blancas
Guaria
Río Esquinas
Riyito
Briceño
Refugio Nacional de Fauna Silvestre Golfito
Parque Nacional Piedras Blancas
Gamba
Kilometro 29
Campo Dos y Medio
Los Planes
Reserva Indígena Guaymí de Abrojos Montezuma
Dominical
Río Claro
Caracol
Ciudad Neily
Santa Cruz
Bajo Mansito
Finca Nubes
Esperanza
CI
Corredor
San Francisco
PLAYA CATIVO
Golfito
Playa Cacao
Breñon
PLAYA SAN JOSECITO
Finca 58
Coto 47
Abrojo
Altos San Antonio
San Andrés
PLAYA GALLARDO
Río Corredor
Coloradito
Portón
Sandalo
Río Coto Colorado
Darizana
Gomez
PLAYA PLATANARES
Pueblo Nuevo
Santa Rita
Gloria
Paso Canoas
Quebrada Grande
Puerto Jiménez
Zancudo
Colorado
Santo Domingo
PLAYA ZAPOTE
Sábalos
La Cuesta
Gariche
PLAYA ZANCUDO
Jobo Civil
Río Diviala
PLAYA TAMALES
Conte
Progreso
Laurel
Puerto Pilón
Bella Luz
Finca Ojo de Agua
Bahía Pavón
Finca Cañaza
Colorado
PLAYA SOMBRERO
Nicaragua
Reserva Indígena Guaymí de Conte Burica
Esperanza
Potreros
Quebrada de Piedra
Palo Blanco
Puerto Armuelles
Península de Burica
Yerbazales
Resbalosa
Punta Burica
Isla Burica

KARTENLEGENDE

Expressway · Autobahn · Autostrada · Autopista

Highway · Fernverkehrsstraße · Strada di transito · Autovía

Important main road · Wichtige Hauptstraße · Strada di interesse regionale · Carretera general importante

Main road · Hauptstraße · Strada principale · Carretera principal

Secondary road · Nebenstraße · Strada secondaria · Carretera secundaria

Roadway · Pavement · Fahrweg · Fußweg · Strada carrozzabile · Sentiero · Calzada · Sendero

Pan-American Highway · Panamericana · Strada Grande Panamericana · Carretera Interamericana

Distance in km · Checkpoint · Entfernung in km · Grenzübergang · Distanza in km · Stazione di controllo · Distancia en kms · Puesto de control

Road numbering: national · regional · Straßennummerierung: national · regional · Numerazione stradale: nazionale · regionale · Numeración de carreteras: nacional · regional

Railway · Eisenbahn · Ferrovia · Ferrocarril

State boundary · Province boundary · Landesgrenze · Provinzgrenze · Confine di stato · Confine di provincia · Frontera de estado · Límite provincial

Indigenous reserve · Indianerreservat · Riserva indiana · Reserva indígena

Mangrove · Yolillal palms · Mangroven · Yolillalpalmen · Mangrovia · Palma di yolillal · Manglar · Yolillal

Reef · Rocks · Riff · Felsen · Banco · Roccia · Arrecife · Rocas

Dam · Cascade · Staudamm · Wasserfall · Argine · Cascata · Muro de presa · Cascada

Int. Airport · Airfield · Int. Flughafen · Flugplatz · Aeroporto int. · Aerodromo · Aeropuerto int. · Aeródromo

Lighthouse · Golf · Leuchtturm · Golf · Faro · Golf · Faro · Golf

MARCO POLO Discovery Tour 1 · MARCO POLO Erlebnistour 1 · MARCO POLO Giro avventura 1 · MARCO POLO Recorrido aventura 1

MARCO POLO Highlight

Point of interest · Archaeological site · Sehenswürdigkeit · Archäologische Stätte · Curiosità · Luogo archeologico · Curiosidad · Lugar arqueológico

Cave (submarine) · Petrol station · Höhle (unterseeisch) · Tankstelle · Grotta (sottomarina) · Stazione di rifornimento · Cueva (submarina) · Estación de servicio

Youth hostel · Water-skiing · Jugendherberge · Wasserski · Albergo per la gioventù · Sci nautico · Albergue juvenil · Esquí acuático

Int. Harbour · Yachting · Int. Hafen · Yachthafen · Porto int. · Marina · Puerto int. · Marina

Kayaking · Motor boat · Kajak · Motorboot · Kayak · Barca a motore · Káyac · Lancha de motor

Surfing · Windsurfing · Wellenreiten · Windsurfen · Aquaplano · Surfing · Surf · Windsurf

Deep sea fishing · Scuba diving · Hochseefischen · Sporttauchen · Pesca d'alto mare · Sport subacqueo · Pesca de altura · Submarinismo

Turtle protection area · Schutzzone für Meeresschildkröten · Protettorato di tartarughe marine · Zona de protección de tortugas marinas

National park (marine) · Nationalpark (marin) · Parco nazionale (marino) · Parque nacional (marino)

Nature preserve · Naturreservat · Riserva naturale · Reserva natural

Birdwatching · Vogelbeobachtung · Osservazione di uccelli · Observación de aves

Biological station/Lodge · Biologische Forschungsstation/Hütte · Stazione di ricerca biologica/Capanna · Estación biológica/Cabaña

Riding · Reiten · Equitazione · Paseos a caballo

Camping site · Beach · Campingplatz · Strand · Campeggio · Spiaggia · Camping · Playa

Capital city · Hauptstadt · Capitale di stato · Capital de estado — **SAN JOSÉ**

Province capital · Provinzhauptstadt · Capoluogo di provincia · Capital de provincia — **Heredia**

Canton capital · Kantonshauptstadt · Capoluogo di cantone · Capital de cantón — **Paraíso**

MARCO POLO Discovery Tours · MARCO POLO Erlebnistouren · MARCO POLO Giri avventurosi · MARCO POLO Recorridos de aventura

132

FÜR IHRE NÄCHSTE REISE ...

ALLE MARCO POLO REISEFÜHRER

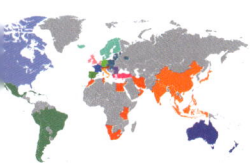

DEUTSCHLAND
Allgäu
Bayerischer Wald
Berlin
Bodensee
Chiemgau/
Berchtesgadener
Land
Dresden/
Sächsische Schweiz
Düsseldorf
Eifel
Erzgebirge/
Vogtland
Föhr & Amrum
Franken
Frankfurt
Hamburg
Harz
Heidelberg
Köln
Lausitz/Spreewald/
Zittauer Gebirge
Leipzig
Lüneburger Heide/
Wendland
Mecklenburgische
Seenplatte
Mosel
München
Nordseeküste
Schleswig-Holstein
Oberbayern
Ostfriesische Inseln
Ostfriesland/Nord-
seeküste Nieder-
sachsen/Helgoland
Ostseeküste
Mecklenburg-
Vorpommern
Ostseeküste
Schleswig-Holstein
Pfalz
Potsdam
Rheingau
Wiesbaden
Rügen/Hiddensee/
Stralsund
Ruhrgebiet
Schwarzwald
Stuttgart
Sylt
Thüringen
Usedom/Greifswald
Weimar

ÖSTERREICH SCHWEIZ
Kärnten
Österreich
Salzburger Land
Schweiz
Steiermark
Tessin
Tirol
Wien
Zürich

FRANKREICH
Bretagne
Burgund
Côte d'Azur/
Monaco
Elsass
Frankreich
Französische
Atlantikküste
Korsika
Languedoc-
Roussillon
Loire-Tal
Nizza/Antibes/
Cannes/Monaco
Normandie
Paris
Provence

ITALIEN MALTA
Apulien
Dolomiten
Elba/Toskanischer
Archipel
Emilia-Romagna
Florenz
Gardasee
Golf von Neapel
Ischia
Italien
Italienische Adria
Italien Nord
Italien Süd
Kalabrien
Ligurien/
Cinque Terre
Mailand/
Lombardei
Malta & Gozo
Oberital. Seen
Piemont/Turin
Rom
Sardinien
Sizilien/
Liparische Inseln
Südtirol
Toskana
Venedig
Venetien & Friaul

SPANIEN PORTUGAL
Algarve
Andalusien
Azoren
Barcelona
Baskenland/
Bilbao
Costa Blanca
Costa Brava
Costa del Sol/
Granada
Fuerteventura
Gran Canaria
Ibiza/Formentera
Jakobsweg
Spanien
La Gomera/
El Hierro
Lanzarote
La Palma
Lissabon
Madeira
Madrid
Mallorca
Menorca
Portugal
Spanien
Teneriffa

NORDEUROPA
Bornholm
Dänemark
Finnland
Island
Kopenhagen
Norwegen
Oslo
Schweden
Stockholm
Südschweden

WESTEUROPA BENELUX
Amsterdam
Brüssel
Cornwall & Devon
Dublin
Edinburgh
England
Flandern
Irland
Kanalinseln
London
Luxemburg
Niederlande
Niederländische
Küste
Oxford
Schottland
Südengland

OSTEUROPA
Baltikum
Budapest
Danzig
Krakau
Masurische Seen
Moskau
Plattensee
Polen
Polnische
Ostseeküste/
Danzig
Prag
Slowakei
St. Petersburg
Tallinn
Tschechien
Ungarn
Warschau

SÜDOSTEUROPA
Bulgarien
Bulgarische
Schwarzmeerküste
Kroatische Küste
Dalmatien
Kroatische Küste
Istrien/Kvarner
Montenegro
Rumänien
Slowenien

GRIECHENLAND TÜRKEI ZYPERN
Athen
Chalkidikí/
Thessaloníki
Griechenland
Griechische Inseln/
Ägäis
Istanbul
Korfu
Kos
Kreta
Peloponnes
Rhodos
Sámos
Santorin
Türkei
Türkische Südküste
Türkische Westküste
Zákinthos/Itháki/
Kefaloniá/Léfkas
Zypern

NORDAMERIKA
Chicago und
die Großen Seen
Florida
Hawai'i
Kalifornien
Kanada
Kanada Ost
Kanada West
Las Vegas
Los Angeles
New York
San Francisco
USA
USA Ost
USA Südstaaten/
New Orleans
USA Südwest
USA West
Washington D.C.

MITTEL- UND SÜDAMERIKA
Argentinien
Brasilien
Chile
Costa Rica
Dominikanische
Republik
Jamaika
Karibik/
Große Antillen
Karibik/
Kleine Antillen
Kuba
Mexiko
Peru & Bolivien
Yucatán

AFRIKA UND VORDERER ORIENT
Ägypten
Djerba/
Südtunesien
Dubai
Iran
Israel
Jordanien
Kapstadt/
Wine Lands/
Garden Route
Kapverdische
Inseln
Kenia
Marokko
Marrakesch
Namibia
Oman
Rotes Meer & Sinai
Südafrika
Tansania/Sansibar
Tunesien
Vereinigte
Arabische Emirate

ASIEN
Bali/Lombok/Gilis
Bangkok
China
Hongkong/Macau
Indien
Indien/Der Süden
Japan
Kambodscha
Ko Samui/
Ko Phangan
Krabi/
Ko Phi Phi/
Ko Lanta/Ko Jum
Malaysia
Myanmar
Nepal
Peking
Philippinen
Phuket
Shanghai
Singapur
Sri Lanka
Thailand
Tokio
Vietnam

INDISCHER OZEAN UND PAZIFIK
Australien
Malediven
Mauritius
Neuseeland
Seychellen

Viele MARCO POLO Reiseführer gibt es auch als eBook – und es kommen ständig neue dazu!
Checken Sie das aktuelle Angebot einfach auf: www.marcopolo.de/e-books

REGISTER

Im Register sind alle in diesem Reiseführer erwähnten Orte, Strände, Nationalparks (NP) und Tierschutzgebiete sowie weitere Ausflugsziele (z. B. Vulkane) aufgeführt. Gefettete Seitenzahlen verweisen auf den Haupteintrag.

Agujitas 69
Alajuela **32**, 90, 110
Arenal (See) **53**, 103
Arenal (Vulkan) 18, 25, **53**, 54
Arenalsee 91
Bahía Drake **68**, 69
Bananito 80
Barra del Colorado (Dorf) 87, 95
Barra del Colorado (NP) 45, **87**, 95
Barra Honda (NP) **62**
Barva (Vulkan) 39, 45
Boca Vieja 74
Bosque Eterno de los Niños (NP) **57**, 105
Braulio Carrillo (NP) **45**, 92, 95
Bribrí 81
Cachí 40
Cacho Negro (Vulkan) 45
Cahuita 19, 81, **82**, 83, 112
Cahuita (NP) 82
Caño 69
Carara (NP) **70**, 97
Cariari 95
Cartago 15, **36**, 42, 107
Cerro de la Muerte 64
Chirripó 22
Corcovado (NP) 68
Cordillera Central 23, 44, 46, 54
Costa Ballena 77
Cruz de Alajuelita 48
Drake Bay **68**, 69
El Salto 52
Escazú 18
Gandoca-Manzanillo (NP) 83
Golfito **64**, 68, 93, 112, 114
Golfo Dulce 65, 67, 103
Guaitil **63**, 91
Guanacaste 50
Guápiles **44**, 95
Guayabo 14, **38**, 40
Heredia **41**, 44, 110
Herradura 70, 72
Inbioparque Santo Domingo 44
Irazú (Vulkan, NP) 36, **38**
Isla Damas 93
Islas Catalinas 103
Jacó **69**, 71, 92, 93, 98, 103
Jardín Lankester 39
Kelly Creek 82
La Amistad 64, **68**
La Fortuna 53, 54, 91
La Pavona 84

La Pequeña Helvecia 91
Lago de Coter 103
Laguna de Arenal **53**, 91, 103
Las Horquetas 45
Liberia **50**, 55, 57, 91, 113
Limón 14, 19, 44, 45, 78, 81, 92, 107, 111, 112, 136
Manuel Antonio 98
Manuel Antonio (NP) 18, 24, 74, **75**, 76, 93, 98, 103
Manzanillo **83**
Marino Ballena (NP) 77
Moín 81, 84, 87, 114
Monteverde 27, **56**, 60, 90, 99, 105
Monteverde Cloud Forest Reserve 90
Montezuma **61**, 92
Nicoya 61, **62**, 91, 103
Nicoya-Halbinsel 51, **60**, 62, 72, 105
Nosara 18, 63, 103, 108
Orosí 40, 41
Orosítal 40
Orotina 97
Osa-Halbinsel 19, **68**
Palo Verde (NP) 63
Papagayo 18, 55
Paquera 92
Paraíso **40**, 106
Parismina 86, **87**
Parqueo Interior 53
Península de Nicoya 51, **60**, 62, 72, 105
Península de Osa 19, **68**
Playa Bonita 80, 81
Playa Buena Vista 63
Playa Cacao 67
Playa Chiquita 84
Playa Cocles 84
Playa de Jacó 64, 71, 98
Playa Escondida 76
Playa Espadilla Norte 76
Playa Espadilla Sur 75, 76
Playa Flamingo 103
Playa Grande 63
Playa Hermosa 56
Playa Herradura 71, 72
Playa Junquillal 19
Playa Manuel Antonio 64, 75, 76
Playa Negra 82
Playa Potrero 103
Playa Sámara **63**, 91, 112
Playa Tamarindo 63, 103
Playa Tambor 103
Playa Zancudo 67
Poás (Vulkan) 34, **35**

Puerto Jiménez 19, 114
Puerto Limón 14, 19, 44, 45, **78**, 81, 92, 107, 111, 112, 114, 136
Puerto Lindo de Pococí 95
Puerto Vargas 82
Puerto Viejo de Sarapiquí 44, **45**, 84, 86
Puerto Viejo de Talamanca **83**, 92, 103
Punta Caliente 82
Punta Catedral 75
Punta Quepos 76
Punta Uva 19, 103
Puntarenas 18, 50, 64, **72**, 92, 100, 105, 106, 136
Punto Indio 63
Quepos 18, 69, 71, **74**, 93, 98
Rainforest Aerial Tramway (Jacó) 71, 92
Rainforest Aerial Tramway (San José, Guápiles) 44, 95, **104**
Rara Avis 44, **45**
Refugio Nacional de Vida Silvestre Golfito **66**, 93
Reserva Bosque Nuboso Santa Elena (NP) 58
Reserva Natural Cabo Blanco 92
Reventazón 40
Rincón (Vulkan) 55
Rincón de la Vieja (NP) 51, **55**, 91, 103
Río Colorado 45, 87
Río Grande de Orosí 40
Río La Palma 53
Río Liberia 51
Río Naranjo 74
Río San Juan 45
Río Sarapiquí 45
Río Sierpe 69
Río Sucio 44, 92, 95, 104
Río Tárcoles 70
Río Vizcaya 80
Sámara **63**, 103, 108
San José 16, 18, 23, 24, 29, 32, 39, 41, **45**, 92, 94, 97, 102, 104, 105, 106, 107, 110, 111, 112, 113, 114, 136
San José de la Montaña 19, 45
Santa Clara 19
Santa Cruz 61
Santa Elena **56**, 58, 59, 60, 90, 91, 99, 105
Santa Elena Cloud Forest Re-

IMPRESSUM

serve (NP) 58
Santa María (Vulkan) 55
Santa Rosa (NP) 51
Santo Domingo 44
Sarchí 30, **36**, 90
Sierpe 69
Siquirres 87
Tamarindo **63**, 103

Tárcoles 92
Tortuga Island 74
Tortuguero 24, **84**
Tortuguero (NP) 24, 45, 81, **84**, 92
Turrialba 18, **40**
Turrialba (Vulkan) 39
Ujarrás 41

Uvita 14, 71
Valle Central 97
Valle Orosí 40
Volcán Irazú (NP) 38
Vulkan Arenal 91
Zancudo 67
Zarcero 36

SCHREIBEN SIE UNS!

Egal, was Ihnen Tolles im Urlaub begegnet oder Ihnen auf der Seele brennt, lassen Sie es uns wissen! Ob Lob, Kritik oder Ihr ganz persönlicher Tipp – die MARCO POLO Redaktion freut sich auf Ihre Infos.

Wir setzen alles dran, Ihnen möglichst aktuelle Informationen mit auf die Reise zu geben. Dennoch schleichen sich manchmal Fehler ein – trotz gründlicher Recherche unserer Autoren/innen. Sie haben sicherlich Verständnis, dass der Verlag dafür keine Haftung übernehmen kann.

MARCO POLO Redaktion
MAIRDUMONT
Postfach 31 51
73751 Ostfildern
info@marcopolo.de

IMPRESSUM

Titelbild: Strand von Manuel Antonio (Look: F. M. Frei)
Fotos: awlimages: J. Coletti (20/21, 25, 49, 61), F. R. Iacomino (100/101), N. Ledger (52), N. Pavitt (86), F. Ricardo Iacomino (85), A. Robinson (55); awlimages/John Warburton-Lee Photography Ltd.: N. Pavitt (2); Casas Pelicano: Jochen Sperling (19 o.); Kathy Dyhr (19 u.); Four Seasons Resorts Costa Rica at Peninsula Papagaya: Robb Gordon (18 o.); Getty Images/Flickr/Pangea Photography: Andrew Burson (5); huber-images: P. Canali (30, 64/65, 88/89, 96, 120/121), P. Giocoso (22), Schmid (Klappe r.), R. Taylor (10, 34, 75); © iStockphoto: Phil Berry (18 u.); © iStockphoto/nicolebranan (18 M.); Laif: Gonzalez (42, 47, 77, 108 o.), T. Hauser (4 u., 6, 80), A. Schumacher (99); Laif/hemis.fr: B. Gardel (Klappe l.); Look: F. M. Frei (1 o.); mauritius images/age fotostock: T. Montford (70), J. C. Muñoz (69); mauritius images/Alamy (3, 8, 11, 28 r., 29, 102, 107), T. Cohen (66, 106), J. Csernoch (95), M. Dwyer (106/107), R. Granieri (50/51), C. Wise (62); mauritius images/Alamy/robertharding (37); mauritius images/Danita Delimont: C. Miller Hopkins (44); mauritius images/Imagebroker: Siepmann (82); mauritius images/John Warburton-Lee: M. Simoni (32/33); mauritius images/Radius Images (26/27); mauritius images/robertharding (56/57, M. Simoni (40); mauritius images/Universal Images Group (104); mauritius images/Westend61: S. Roesch (28 l.); H. Mielke (4 o., 17, 30/31, 31, 39, 58, 78/79, 105, 108 u., 109); B. Müller-Wöbcke (1 u.); Schapowalow: G. Cozzi (7), R. Schmid (12/13, 72); Schapowalow/SIME: P. Canali (9, 14/15); M. Zegers (104/105)

1., aktualisierte Auflage 2019
© MAIRDUMONT GmbH & Co. KG, Ostfildern
Autorin: Birgit Müller-Wöbcke; Redaktion: Petra Klose
Im Trend: wunder media, München, Birgit Müller-Wöbcke
Kartografie Reiseatlas: © Berndtson & Berndtson Productions GmbH, Fürstenfeldbruck;
Kartografie Faltkarte: © Berndtson & Berndtson Productions GmbH, Fürstenfeldbruck
Gestaltung Cover, S. 1, Faltkartencover: Karl Anders – Studio für Brand Profiling, Hamburg; Gestaltung innen: milchhof:atelier, Berlin; Gestaltung S. 2/3, Erlebnistouren: Susan Chaaban Dipl.-Des. (FH)
Sprachführer: in Zusammenarbeit mit Ernst Klett Sprachen GmbH, Stuttgart, Redaktion PONS Wörterbücher
Das Werk einschließlich aller seiner Teile ist urheberrechtlich geschützt. Jede urheberrechtsrelevante Verwertung ist ohne Zustimmung des Verlags unzulässig und strafbar. Das gilt insbesondere für Vervielfältigungen, Übersetzungen, Nachahmungen, Mikroverfilmungen und die Einspeicherung und Verarbeitung in elektronischen Systemen.
Printed in Italy

MIX
Paper from responsible sources
FSC® C015829

BLOSS NICHT ✋

Auch in Costa Rica gibt es Dinge, die Sie besser vermeiden sollten

LEICHTSINNIG SEIN

Verglichen mit anderen lateinamerikanischen Ländern ist Costa Rica nahezu ein Paradies. Aber es gibt eine Schicht besonders armer Leute, dazu rund 200 000 Flüchtlinge aus Nicaragua ohne Einkommen. Haben Sie am besten wenig dabei, wenn Sie in San José, Puntarenas oder Limón zu Fuß unterwegs sind, tragen Sie keinen Schmuck! Und wählen Sie beim Restaurantbesuch einen Platz am Fenster oder draußen, sodass Sie Ihren vollbeladenen Mietwagen stets im Blick haben!

IN DROGENGESCHÄFTE VERWICKELN LASSEN

An der Karibikküste sind die Angebote besonders häufig, aber die Polizei versteht auch bei „weichen" Drogen keinen Spaß. Denn lange galt Costa Rica als Umschlagplatz für den Drogenhandel zwischen Süd- und Nordamerika, und man ist bemüht, diesem Ruf die Grundlage zu entziehen. Also besser ein bestimmtes *no, gracias*.

STRÖMUNGEN UNTERSCHÄTZEN

Vorsicht beim Baden: An der gesamten Pazifikküste und am südlichen Atlantik gibt es gefährliche Strömungen, z. T. schon in knietiefem Wasser. Baden Sie daher nie am offenen Meer, sondern immer in Buchten. Kleine Kinder niemals aus dem Auge verlieren. Strandwachen gibt es nur wenige, am besten richten Sie sich nach den Einheimischen.

UNBEDACHT SOUVENIRS KAUFEN

Unter den vielen Souvenirs sind auch einige, die Tierschützern Sorgen bereiten: Taschen aus Krokodil- und Schlangenleder, Tierfelle, Schildpattarbeiten, Schildkrötenpanzer, seltene Muscheln sowie Korallen und daraus gefertigter Schmuck. Verboten ist die Einfuhr dieser Dinge in das Heimatland ohnehin.

AM FALSCHEN ORT RAUCHEN

Costa Rica hat ein scharfes Nichtrauchergesetz. Rauchen ist gesetzlich verboten in allen öffentlichen Einrichtungen, Hotels (auf dem gesamten Gelände), Restaurants (auch offenen), Bars, Bussen, Märkten, ebenso in Parks und an Stränden. Bei Nichtbeachtung werden bis zu 800 US-$ fällig!

HAIFISCHFLOSSEN BESTELLEN

Der Handel mit Haiflossen ist in Costa Rica verboten, an der Pazifikküste aber weit verbreitet. Taiwanesische Fischfirmen haben hier Fischkutter, der Hauptteil des Fangs geht nach Asien. Ihrer Flossen beraubt, sterben die Haie langsam und qualvoll. Verzichten Sie also in Restaurants auf Haifischflossensuppe!

NACHTS AUTO FAHREN

Auf den Straßen sind Schlaglöcher keine Seltenheit. Tiefe Löcher können gefährlich werden. Weil man die Löcher nachts schlechter sieht, lassen Sie das Auto dann am besten stehen.